田村 学
文部科学省視学官
［編著］

みらいの会
［著］

生活・総合 アクティブ・ラーニング

子どもたちの「能力」の育成と「知」の創造を実現する授業づくり

東洋館出版社

もくじ

序章
005　生活科と総合的な
　　　学習の時間によるより高次な
　　　アクティブ・ラーニングの実現

第1章
019　生活科
　　　アクティブ・ラーニング

021　**生活科 1**　がっこう だいすき たんけんたい

029　**生活科 2**　げんきな はなを そだてよう

037　**生活科 3**　この秋オープン ぼくたちの夢の国

045　**生活科 4**　あきのあそびめいじん

053　**生活科 5**　動くおもちゃであそぼう

061　**生活科 6**　大きくなったわたしたち

生活・総合アクティブ・ラーニング

第2章
069 総合的な学習の時間 アクティブ・ラーニング

071	**総合 1** 街弁さんと「えなちゃちゃべんとう」
079	**総合 2** まちのおみやげ手ぬぐいをつくろう
087	**総合 3** 再発見！ 自分たちの高円寺阿波踊り
095	**総合 4** 南大沢開発計画
103	**総合 5** 地域の特産、保谷梨をPRしよう！
111	**総合 6** 地域とコラボ！「縁台プロジェクト」を立ち上げよう
119	執筆者一覧／みらいの会　研究同人

序章

生活科と総合的な学習の時間によるより高次なアクティブ・ラーニングの実現

生活・総合アクティブ・ラーニング

生活科と総合的な学習の時間によるより高次なアクティブ・ラーニングの実現

文部科学省初等中等教育局視学官　田村　学

1. 今、求められる人材とアクティブ・ラーニング

　平成26年11月20日に「初等中等教育における教育課程の基準等の在り方について」として文部科学大臣から諮問文が出された。いよいよ次期学習指導要領の改訂に向けての本格的な議論がはじまった。
　この諮問文の冒頭に、これらの社会の変化と求められる人材について以下のように端的に示されている。

>　今の子供たちやこれから誕生する子供たちが、成人して社会で活躍する頃には、我が国は、厳しい挑戦の時代を迎えていると予想されます。生産年齢人口の減少、グローバル化の進展や絶え間ない技術革新等により、社会構造や雇用環境は大きく変化し、子供たちが就くことになる職業の在り方についても、現在とは様変わりすることになるだろうと指摘されています。また、成熟社会を迎えた我が国が、個人と社会の豊かさを追求していくためには、一人一人の多様性を原動力とし、新たな価値を生み出していくことが必要となります。
>　我が国の将来を担う子供たちには、こうした変化を乗り越え、伝統や文化に立脚し、高い志や意欲を持つ自立した人間として、他者と協働しながら価値の創造に挑み、未来を切り開いていく力を身に付けることが求められます。
>　そのためには、教育の在り方も一層の進化を遂げなければなりません。個々人の潜在的な力を最大限に引き出すことにより、一人一人が互いを認め合い、尊重し合いながら自己実現を図り、幸福な人生を送れるようにするとともに、より良い社会を築いていくことができるよう、初等中等教育における教育課程についても新たな在り方を構築していくことが必要です。

　このことと同様の指摘は、平成26年12月22日の中央教育審議会答申「新しい時代にふさわしい高大接続の実現に向けた高等学校教育、大学教育、大学入学者選抜の一体的改革について」にも示されている。すなわち、グローバル社会、情報化社会、知識基

盤社会などとする社会の変化については、議論を俟つ必要はなく、私たちはこれまでに経験したことのないような変化の中、モデルなき教育改革にチャレンジしていかなければならないこととなる。

では、新しい教育においては、どのような人材育成を目指せばよいのだろうか。このことに関しては、先に紹介した諮問文の中に、以下のように示されている。

「他者と協働しながら価値の創造に挑み、未来を切り開いていく力を身に付けること」
（アンダーラインは筆者）

つまり、これからの教育には、「能力の育成」と「知の創造」こそが重要になると考えられる。

このことは日常の暮らしを見つめるだけでも容易に理解できる。誰もがスマートフォンを持ち、大量の情報が瞬時に手元に届く時代になってきた。しかも、正しいと思っていた知識や情報が短時間のうちに陳腐化してしまうことも当たり前になってきた。必死になって、大量の知識や情報を暗記することの必要性は薄くなり、自ら新たな知を創造することが求められるようになってきている。

また、そうした社会では、知識や情報は暗記する対象から活用する対象へと大きく変化してきている。情報と情報を比較・関連付けして考えたり、情報を相手に応じてわかりやすく伝えたりする、思考力や表現力などの能力が求められているのである。こうした考えは、社会人基礎力や就職基礎能力、キー・コンピテンシーや21世紀型スキルなどの国内外の提言に顕著に表れている。

では、そのために、どのような教育を志向していけばよいのだろうか。このことについても諮問文に以下のキー・ワードが示されている。

「アクティブ・ラーニング」

このアクティ・ラーニングというカタカナ言葉が、短い諮問文の中に4回も登場する。そのまま訳せば能動的学習ということになろうか。

そもそもこのアクティブ・ラーニングという言葉は、平成24年8月28日の中央教育審議会答申「新たな未来を築くための大学教育の質的転換に向けて〜生涯学び続け、主体的に考える力を育成する大学へ〜」において登場した言葉であり、そこでは、「教員による一方向的な講義形式の教育とは異なり、学修者の能動的な学修への参加を取り入れた教授・学習法の総称。学修者が能動的に学修することによって、認知的、倫理的、社会的能力、教養、知識、経験を含めた汎用的能力の育成を図る。発見学習、問題解決学習、体験学習、調査学習等が含まれるが、教室内でのグループ・ディスカッション、ディベート、グループ・ワーク等も有効なアクティブ・ラーニングの方法である」と用

語解説もしている。

　これからの時代には、「能力の育成」と「知の創造」に向けて、「アクティブ・ラーニング」を行うよう、教育の質的転換を図らなければならないのである。

2.「能力の育成」と「知の創造」に向けた生活科・総合的な学習の時間

　生活科や総合的な学習の時間は、こうした「能力の育成」と「知の創造」を実現するために生まれてきたと考えることができる。

（1）　生活科における「能力の育成」と「知の創造」

　生活科は、平成元年に誕生した戦後初めての教科の改廃を含む新教科であるが、最初の学習指導要領指導書において「生活科は、あれこれの事柄を覚えればよい教科ではない。具体的な活動や体験を通して、よき生活者として求められる能力や態度を育てること」と見事に宣言している。

　また、生活科では対象と「自分とのかかわり」を特質としており、生活科で重視する「気付き」は「対象に対する一人一人の認識」として示している。

　この生活科では、どのような「能力の育成」と「知の創造」を期待しているのだろうか。育成すべきと期待している能力については、内容構成の具体的な視点が11個示され、さらに分割して以下のように考えることができる。

> ア：健康に気を付けて、規則正しく生活することができるようにする
> イ：安全に気を付けて、遊んだり生活したりすることができるようにする
> ウ：身近な人々と適切に接することができるようにする
> エ：地域で生活したり働いたりしている人々に親しみやあこがれをもつことができるようにする
> オ：みんなで使う物や場所、施設を大切に正しく利用し、生活を豊かにすることができるようにする
> カ：自分の生活に必要な情報を集めたり、伝え合ったりすることができるようにする
> キ：相手の気持ちを考えながら、進んで交流することができるようにする
> ク：季節の変化を生かして、生活を工夫したり楽しくしたりすることができるようにする
> ケ：ものを作ったり遊びを工夫したりしながら、みんなで楽しく過ごすことができるようにする
> コ：身の回りのものを、大切に扱ったり繰り返し使ったりすることができるようにする
> サ：自然の観察や飼育栽培によって、自然との触れ合いを深め、生命を大切にすることができるようにする

シ：自分の成長を支えてくれた人々に感謝の気持ちをもつことができるようにする
ス：日常生活に必要な習慣や技能を身に付けることができるようにする

一方、生活科で事象と関わる中で獲得される認識としては次のことが期待されている。

イ：学校の施設の様子や先生など学校生活を支えている人々や友達のことがわかる
ロ：通学路の様子やその安全を守ってくれている人々などのことがわかる
ハ：家庭生活を支えている家族のことやその大切さがわかる
ニ：地域で生活したり働いたりしている人々や地域とのかかわりがわかる
ホ：身の回りにはみんなで使うものがあることや支えている人々がいることがわかる
ヘ：身近な人とかかわることの楽しさがわかる
ト：四季の変化や季節によって自然や生活の様子が変わることに気付く
チ：身の回りの自然や身近にある物を使うなどして、自然の不思議さや遊びの面白さに気付く
リ：生き物は生命をもっていることや成長していることに気付く
ヌ：多くの人々の支えにより自分が大きくなったこと、自分でできるようになったこと、役割が増えたことがわかる　　　　　　　　　　　　　　　　　　　　　　など

（2）総合的な学習の時間における「能力の育成」と「知の創造」

　総合的な学習の時間は、その目標に示されているように「自ら課題を見付け、自ら学び、自ら考え、主体的に判断し、よりよく問題を解決する資質や能力を育成」し、「問題の解決や探究活動に主体的、創造的、協同的に取り組む態度を育て」ることを期待して創設された時間である。

　この総合的な学習の時間では、どのような「能力の育成」と「知の創造」を期待しているのだろうか。育成すべきと期待している能力については、3つの視点を踏まえて、以下の能力が例示されている（図1）。

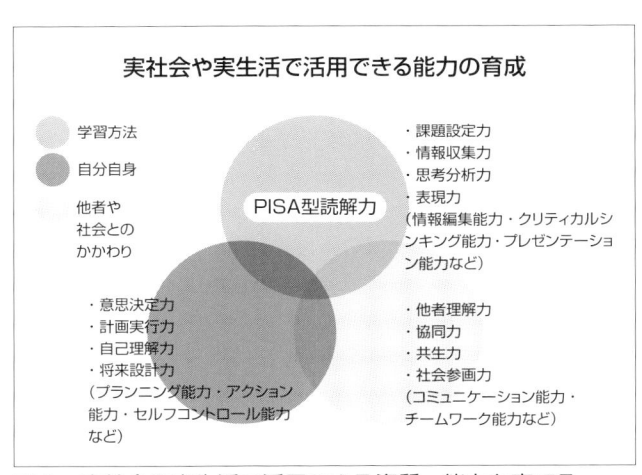

図1　実社会や実生活で活用できる資質・能力を育てる

1 **学習方法**
  ・課題設定力　・情報収集力　・思考分析力　・表現力
  （情報編集能力・クリティカルシンキング能力・プレゼンテーション能力など）

2 **自分自身**
  ・意思決定力　・計画実行力　・自己理解力　・将来設計力
  （プランニング能力・アクション能力・セルフコントロール能力など）

3 **他者や社会とのかかわり**
  ・他者理解力
  ・協同力
  ・共生力
  ・社会参画力
  （コミュニケーション能力・チームワーク能力など）

また、現代社会の課題などについては、以下のような内容が想定されている（図2）。

■**現代社会の課題**
  ・防災　・国際
  ・情報　・環境
  ・資源エネルギー
  ・福祉　・健康
  ・科学技術
  ・ものづくり
  ・生命　・町づくり
  ・伝統文化　・地域経済
  ・勤労　・職業　　など

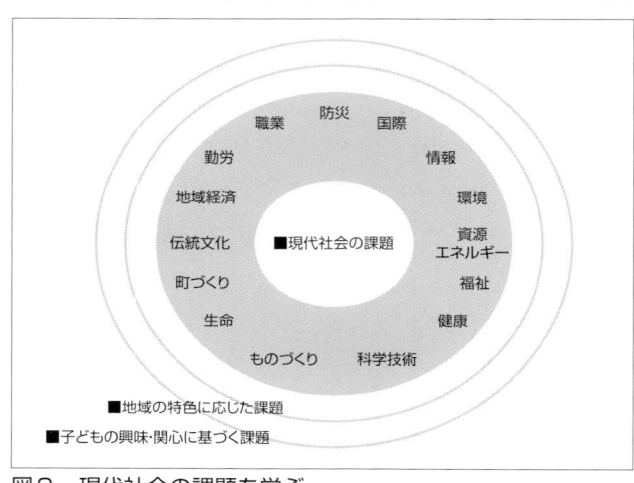

図2　現代社会の課題を学ぶ

3. より高次なアクティブ・ラーニングを実現する生活科・総合的な学習の時間に向けて

　2.で示したように、生活科も総合的な学習の時間も「能力の育成」と「知の創造」の実現を目指した構成原理になっている。新しい発想で生まれた生活科や総合的な学習の時間は、その生成過程で暗黙のうちに今日的な要請が位置付けられていたのかもしれない。

　しかし、そうした「能力の育成」と「知の創造」を視野に入れた生活科や総合的な学習の時間においても、常に社会の変化や時代の要請を背景として見直しをしていくこと

が求められる。

そこで、ここでは19回にわたる「みらいの会」での学習成果から、今後求められる「能力の育成」と「知の創造」について記していくこととする。

(1) 「能力の育成」

「みらいの会」では、経済産業省の社会人基礎力、厚生労働省の就職基礎能力、内閣府の人間力、文部科学省の学士力、キャリア教育の基礎的・汎用的能力、ESDの7つの能力、国立教育政策研究所の21世紀型能力、OECDのキー・コンピテンシー、21世紀型スキルなどを参考にして研究を進めてきた。加えて、生活科と総合的な学習の時間の実践事例を対象にして、トップダウンとボトムアップのミドルアップダウンの手法で研究を進めてきた。

その結果、次のように求められる能力の枠組みを整理した。

> **A：学習意欲**
> **B：思考力・判断力・表現力等**
>   B1：認知系
>   B1-1 思考：外部情報の再構築
>   B1-2 自己理解・メタ認知：内部情報の再構築
>   B2：社会系
>   B2-1 コミュニケーション：人とのかかわり
>   B2-2 対象への働きかけ（やりとり）：ものやこととのかかわり
> **C：知識・理解、技能**

能力については、学校教育法30条2項の「学力の3要素」を基本的な枠組みとして検討を進めた。

一つ目は、学ぶ力や学ぼうとする力などの【学習意欲】。

二つ目は、思考力・判断力・表現力等を、自らの外部情報を再構築する【思考力】、自らの内部情報を再構築する【自己理解力・メタ認知力】の二つの認知系として整理した。また、人とかかわる【コミュニケーション力】、ものやこととかかわる【対象に働きかける力】を二つの社会系として整理した。

三つ目は、一つ一つの事実的知識や個別的技能などの【知識・理解、技能】とした。

新しい時代に求められる能力は、先に示した6つが大切ではないかと実践を踏まえて整理することができた。

新しい生活科や総合的な学習の時間を考える際には、現在の学習指導要領の枠組みで押さえている能力を、この新しい時代に求められる6つの能力の視点で再検討していくことが考えられる。

(2) 「知の創造」

　「知の創造」については、ESDの6つの概念を参考にして、これからの社会に求められ、構成されるべき概念として、次のように整理した。

> **自然システム**
> 　①多種・多様：いろいろ、特色
> 　②関連・循環：つながる、巡る
> 　③変容・再生（有限）：変わる、限り
> **社会システム**
> 　④独自・尊重：公平・公正、個性、平等
> 　⑤連携・協力：かかわる、互いを生かす
> 　⑥創造・構築：つくる、生み出す

　人を取り巻く自然システムに関する構成したい概念としては、次の三つに整理した。
①事象は、様々なものから生成され、自然の中には【多種・多様】な事象が存在していること。
②事象は、様々な要素がつながり、巡り、【関連・循環】していること。
③事象は、変化し続ける（【循環】）とともに、その変化は限りある（【有限】）ものであること。

　人の意思や行動についての社会システムに関する概念の形成としても、次の三つに整理した。
④社会は、地域や世代によって公平・公正（【独自】）であり、その違いを個性として生かし伸ばす（【尊重】）こと。
⑤社会では、互いにかかわりながら（【連携】）、それぞれのよさを生かすこと（【協力】）。
⑥社会では、新しいものを生み出したり（【創造】）、創り上げたりすること（【構築】）。

　新しい時代に求められる構成概念は、先に示した6つが大切ではないかと実践を踏まえて整理することができた。
　新しい生活科や総合的な学習の時間を考える際には、現在の学習指導要領の枠組みで押さえている内容を、この6つの概念で再検討していくことが考えられる。

(3) 学習・指導方法

　最も大きなポイントは、先に示した実社会で活用できる6つの資質や能力と、概念として構成すべき6つの知を、どのような方法で育成し、獲得するように学習活動を進めていくかにある。
　そのときに重視すべきことは、プロセスを重視することにある。なぜなら、実社会で

活用できる資質や能力は、学習活動としてのプロセスが充実することによって存分に発揮され、結果的に自分自身のものとして身に付いていくと考えることができるからである。

また、概念として構成されていくには、継続的な学習活動の連続によって、情報と情報とがつながり合い、関連付いていくことが必要である。そのためにも、一連の連続した学習活動が行われることが欠かせない。

生活科の学習プロセスをイメージする際には、図３を参考にしたい。生活科では、体験活動が質的に高まっていくことを期待する。

しかし、ただ単に活動や体験を繰り返していれば高まっ

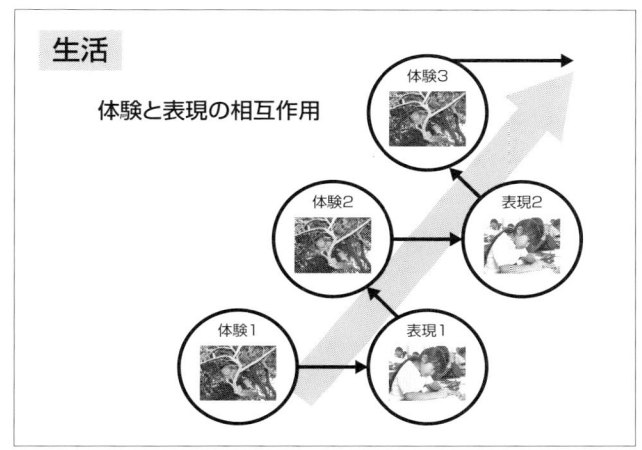

図３　生活科の学習プロセス

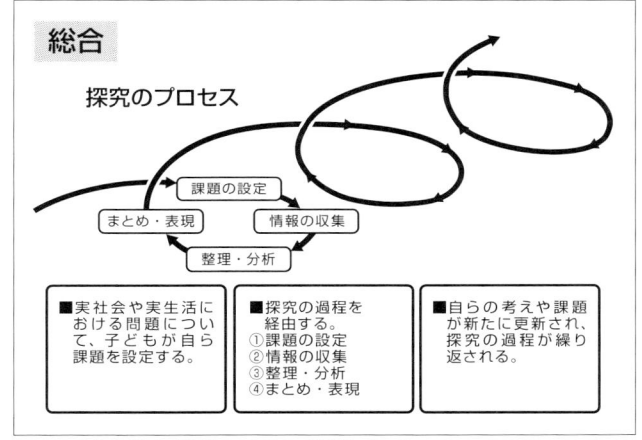

図４　総合的な学習の時間の学習プロセス

ていくわけではない。そこで、話合いや交流、伝え合いや発表などの表現活動が、単元に適切に位置付けられる。この体験活動と表現活動の相互作用が学習活動を質的に高めていく。

例えば、１回目の町探検に行き、そのことを教室で発表し合いながら情報交換する。すると、子どもは「僕の知らないことがいっぱいあるんだなあ。また、町探検にいきたいな」と、２回目の町探検がはじまる。２回目の町探検の後、教室で地図を使って町のすてき発見を紹介し合っていると「僕たちの町って、すてきな人がいっぱいいるんだな。もっと、お話が聞きたいな」と、インタビュー探検がはじまる。このように、生活科では、体験活動と表現活動とを相互に繰り返しながら思いや願いを実現していくプロセスこそが、学習活動の質的な高まりを実現していく。

総合的な学習の時間については、図４を参考にしたい。「①課題の設定」→「②情報の収集」→「③整理・分析」→「④まとめ・表現」といったプロセスが繰り返し発展的に行われることをイメージしたい。

さらに、実社会で活用できる能力を育成し、新たに概念を構成していくためには、プロセスに加えてインタラクションを重視した学習が欠かせない。

　これまでに多くの教室で行われていた知識を習得するための学習活動は、授業の最後だけを取り上げて「覚えておきなさい」としたエンドゾーンを重視する授業でもよかった。最後の最後に「ここだけは覚えておきなさい」などと言われた昔の授業を記憶している方もいるのではないだろうか。そこには教師中心の、一斉的で、画一的な、受け身の授業が存在することとなった。これではかろうじて知識を伝授することができても、実社会で活用できる能力は育成されない。むしろ、受け身で、後ろ向きな実社会で役に立たない能力を育成する心配も生じる。もちろん、こうして獲得された知識さえもきわめて危うい。

　「能力の育成」と「知の創造」は、プロセスとインタラクションの充実によって実現される。一人一人の子どもが、悩み、迷い、解決せずにはいられない課題を設定し、その課題の解決に向かって異なる他者と真剣に話し合う中で、【思考力】は育成される。なんとしても相手にわかりやすく伝えたいと願い、発表の仕方を工夫し、繰り返し話したり、丁寧に聞き取ったりしていくことで【コミュニケーション力】は格段に進歩していく。こうして子どもの能力は発揮され開発されるとともに、対象に対する概念が着実に構成されていく。

　概念の構成については、例えば、次のような子どもの姿を参考にしたい。生活科で大豆を育ててきた子どもが、次のような話合いを行った。

> A男：大豆は生まれたときにはへそとへそとがくっついていて、へそから栄養をもらっているんだよ。
> B男：それなら、親は枝で、さやが子で、大豆がその孫だね。
> C男：なんか、人間みたいだね。

　子どもは、こうして生き物の命がつながり、【循環】していることを豊かに理解していくのであろう。自らの命に対する概念を体験や知識と結び付けて再構成し、より深く、より確かに理解していくものと考えることができる。

　総合的な学習の時間で平和について探究的に学んできた子どもが、平和劇を創って多くの人に伝えていかなければならないと考えるようになった。劇中の台詞「あなたは一人じゃない、あなたの後には、未来をたくした人がいる」について、子どもは次のように話合いを行った。

> D男：お母さんに守られていて無傷だった。お母さんが子どもに未来を託したんだと思う。
> E子：私は、亡くなった人の思いがあると思う。自分のぶんまで生きてほしいと願っていると思う。
> F男：くじけても助けてくれる明日への言葉って感じがするよ。
> G男：戦争が二度と起きてほしくないって感じがするな。

すると、ここで再びD男が語りはじめた。

> D男：原爆直後に亡くなった人もいる。放射能で亡くなった人もいる。戦争が二度と起きないように、そうした多くの人の思いが、明日の未来に向けて僕たちに託されているんじゃないかな。

　D男の発言は、明らかに質的に高まっている。それは、E子とF男とG男の発話情報が、D男の知のネットワークを再構築した結果と考えることができよう。未来社会の【創造】に対する考えや価値がより多様に、より重層的になって理解されていると考えることができる。
　これは、豊かな体験で得られた情報や知識、探究し学び合う中で獲得した情報や知識がネットワーク化し、概念として再構築されているものと創造することができる。おそらく、こうしてネットワーク化された知識は、長きにわたって記憶にとどまるとともに、次の場面でも活用できる使い勝手のよい知識になることが予想できる。
　「能力の育成」と「知の創造」は、その学習活動において、子どもが本気になって、真剣に、自らの思いや願いの実現や課題の解決に向けて取り組むことによって実現される。なぜなら、実社会で活用できる能力の育成と概念の構成は、一連の文脈化された問題の解決に向けて、子ども自身が全力で取り組むことによってこそ確かになっていくからである。
　ここで、もう一つ押さえておきたい学習活動がある。それが、文字言語による振り返り（リフレクション）である。先に示したインタラクションは、音声言語を中心として行う協同的探究と考えることができる。これは、緩やかに広がり交流するという特徴をもつ。一方で、失われやすい傾向もある。そこで、大切になるのがリフレクションである。これは、文字言語を中心とした個人的探究と呼ぶこともできよう。文字を使って、頭の中に刻むイメージである。
　「能力の育成」と「知の創造」は、プロセスの充実にほかならない。そのプロセスを

充実したものにするには、音声言語によるインタラクションと文字言語によるリフレクションが確実に行われることがポイントとも言えよう。

4.「能力の育成」と「知の創造」を実現する教育課程の編成

「能力の育成」と「知の創造」を確かなものとするためには、「各教科における習得・活用と総合的な学習の時間を中心とした探究」と示されたように、教育課程全体の役割分担と相互作用を意識することが大切になる。具体的には、生活科や総合的な学習の時間と各教科との関連が生まれることによって大きな成果を上げることができる（図5）。つまり、カリキュラムを自らの手でデザインすることが求められる。

例えば、地域に流れる川を対象にして探究的に学んできた一人の子どもの作文を基にして考えてみよう。

> わたしは、総合で焼田川を調べました。その中で、長谷川先生や南雲先生から焼田川はいい川だと聞きました。本当に焼田川はいい川なんでしょうか。
> わたしは、いい川だと思います。
> その理由の第一は、生き物がたくさんいたり、魚の種類がたくさんだったりするからです。例えば、マルタニシやヒメタニシが水をきれいにします。そうすると絶滅危惧種のスナヤツメやクロメダカが住めます。それは、川が豊かということです。
> 第二は、流れの深さや速さがいろいろあるからです。川には瀬と淵があります。瀬の方は流れが速く、淵は遅いです。流れの速いところが好きな魚がいて、遅いところには、スナヤツメやクロメダカがいます。
> 第三は、虫や魚などのバランスがとれているからです。虫がいるからそれを食べる魚がいる。魚がいるからそれを食べる他の生き物がいる。それに水をきれいにしてくれる貝類がいるからスナヤツメがいる。その繰り返しです。食べ物になるプランクトンがいて、植物があるからかくれがになる。すごくいいバランスをもった川だからです。
> このように、生き物がいて、川の流れの速さ、虫や魚、食べ物のバランスがあるから、私は焼田川をいい川だと思っています。

この文章は、とてもわかりやすく論理的な構成となっている。おそらく文章表現様式は国語で、絶滅危惧種については総合的な学習の時間で、流れる水の働きは理科で学んだのであろう。各教科等を関連付けるこうした子どもの姿は、用意周到に計画された年間指導計画、適切に配列された単元計画が用意されていることに起因すると考えられる。

教育課程全体を視野に入れたカリキュラムのデザイン力が求められることとなる。

おそらく、こうしてネットワーク化された知識は、長きにわたって記憶にとどまるとともに、次の場面でも活用できる使い勝手のよい知識になることが予想できる。

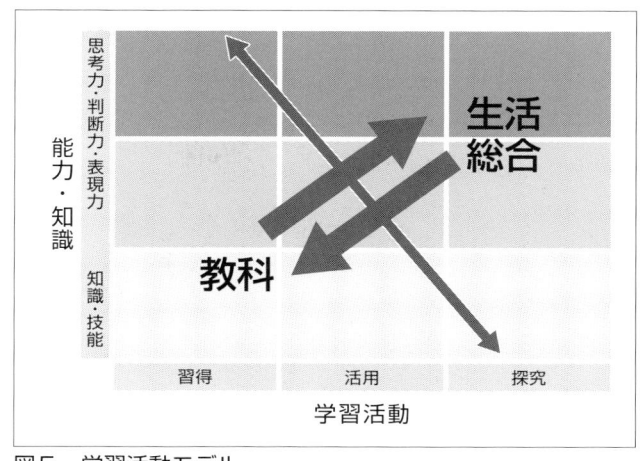

図5　学習活動モデル

「能力の育成」と「知の創造」が生活科や総合的な学習の時間で実現されることを示してきた。そのためには、プロセスを充実すること、カリキュラムをデザインすることなどを記してきた。こうして「能力の育成」と「知の創造」が実現する子供の学びは、いわゆる一般的なアクティブ・ラーニングではなく、ディープ・ラーニング（深い理解）を含む、より高次なアクティブ・ラーニングとなる。そうした質の高い教育活動が、生活科・総合的な学習の時間によって実現されていくことが期待されている。

生活科・総合的な学習の時間が、教育課程全体の中で担う役割はますます大きくなってきた。これまでと同様に、これまで以上に、新しい教育を推進していく学習者中心の「力強く清新な授業」が期待されている。

第1章

生活科
アクティブ・
ラーニング

生活・総合アクティブ・ラーニング

生活 第1学年

[時間数] 全20時間

本単元の目標 学校の施設の様子及び先生など学校生活を支えてくれる人々や友達のことがわかり、楽しく安心して遊びや生活ができるようにするとともに、繰り返し探検することを通して学校での自分の生活を豊かに広げていけるようにする。

がっこう だいすき たんけんたい

■本単元で育成すべき資質・能力

■学習意欲
本単元では、学校全体からの協力を得て、思う存分探検できる環境を整え、自分たちだけで探検することで興味や関心をもたせ、学習意欲を育成する。

■対象への働きかけ
本単元では、繰り返し探検に行く時間の確保と環境整備を行い、「マイマップ」を使うことで、学校という対象へはたらきかける力を育成する。

■コミュニケーション
本単元では、全教職員に学校探検の意図を理解してもらい、学校探検における疑問を解決するために、教職員と適切にコミュニケーションしていく力を育成する。

■本単元におけるアクティブ・ラーニングの概要

■実践の背景
2年生との交流も含め、学校の施設を知る学習は、「教えてもらう」スタイルの学習が多い。

しかし、自分たちだけで学校の中を歩き回り、自分の見たいことや知りたいことについて、自分の力で解決できれば、子どもが自らの興味・関心に従って、主体的に学校生活を切り拓いていける学習になるのではないかと考えた。また、教師が子どもの発問にすべて答えるのではなく、より多くの職員と子どもがかかわることで、学校生活への安心感や愛着につながると考え、全職員に学習のねらいについて説明し、学習環境に配慮して実践をスタートした。

■知の創造に向けて
本単元では、【多種・多様】を重視し、「展開例」で示す学習活動を、自分の興味に沿った場所に探検に行く活動をする中で、様々なひと、もと、ことにかかわることで豊かに学校生活を広げていった。

■展開例

はじっこさがし

興味別のたんけん

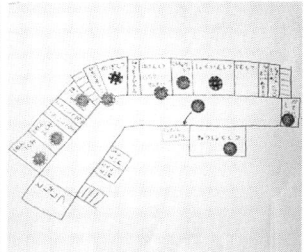
マイマップの作成

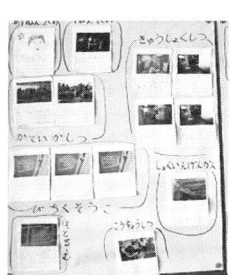
学校たんけん発表会

第1章 生活科アクティブ・ラーニング

STEP 1 単元の流れ

1 がっこうにはどんなところがあるのかな

> みんなで一度あるいてみよう。きっといろんな面白いことが見付かるはずだよ！

まずは、学校の中をみんなで歩いてみる活動を行う。そして、学校の広さを味わわせることで、学校に対する興味を抱けるようにする。また、ここで、子どもからのいろいろな質問に答えすぎないようにし、次への活動への意欲をつなげられるようにする。

2 じぶんたちだけでたんけんしてみよう

> どこからどこまでが学校かな？　その間にはどんなお部屋やものがあったかな？

学校の広さを知るために学校のはじっこを探す。はじっこを見付ける途中で出合った興味のあるものを次の探検の目標とし、興味をつなげながら探検ができるようにする。情報は、学級掲示や「マイマップ」に記し、自分の探検の積み重ねを実感できるようにする。

3 きいて！ぼくの、わたしのがっこうたんけん

> 学校たんけんで見つけたとっておきの情報を友達やおうちの人にも伝えよう！

マイマップを見て、これまでの探検を振り返る。調べたことについてカードにまとめ、発表することで、友達との探検の重なりや違いを感じられるようにする。また、授業参観で保護者に向けて発表することで、がんばっている自分を認めてもらい、自己肯定感を高める。

[時間数] 全20時間

STEP 2 指導計画

【教育活動の展開】　　　　　　　　　　　　　　【指導の手立て】

1　がっこうにはどんなところがあるのかな

- 第1時／第2時：学校の中をみんなで歩いてみる。
- 第3時：感想を交流する。

漢字記名の場所はあえてそのままにしておく

2　じぶんたちだけでたんけんしてみよう

- 第4時／第5時／第6時／第7時：
  - 学校の「はじっこ」を探しに行く。
  - 「はじっこ」の定義について話し合う。
  - 「はじっこ」ってどんなばしょだろう？
  - みんなできめた「はじっこ」をもう一度探しにいこう。
- 第8時／第9時／第10時：階を決めてたんけんをする。
- 第11時／第12時／第13時／第14時：興味別にたんけんをする。

見付けてきた情報の共有化

3　きいて！ぼくの、わたしのがっこうたんけん

- 第15時／第16時：みんなで集めた情報を伝え合う。
- 第17時／第18時：友達の発表を聞いて、気になったところをもう一度たんけんする。
- 第19時：おうちの人へ向けて学校たんけん発表会をする。
- 第20時：これからの学習の計画を立てる。

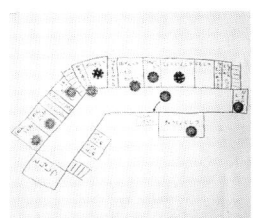

マイマップでの情報の蓄積

学校たんけん発表会

第1章　生活科アクティブ・ラーニング

STEP 3 アクティブ・ラーニングの展開例

ALモデル① 第4時〜第7時
『学校のはじっこをさがす活動』

全体で共有するために模造紙を使用

■育てたい資質・能力
＊はじっこを探しながら学校を歩き回り、学校の広さを知り、これからのたんけんに興味をもつこと【学習意欲】
■概念の形成
＊学校には決まった広さがあり、はじっこは一つではないことへの気付き【多種・多様】

「はじっこカード」を使って伝え合うことで、学校探検の関心を高める

　第1次のみんなで校内を歩いた経験を生かして、全員で歩いていたときには意識しなかった校舎の「はじっこ」を探す活動を取り入れた。子どもたちに「この前はみんなでたんけんしたけれど、学校の中ってもう一人で歩ける？」と発問すると、「まだ、ぜんぜんわからない」などの答えがかえってきた。そこで、「では、がっこうの広さを知るために、がっこうの『はじっこ』を見付けてみようよ」と投げかけた。

　校内の環境として、校舎の中央に教員を一人配置し、どうしてもわからなくなったり、迷ってどうしようもなくなったら○○先生をさがして声をかけていることを投げかけて、子どもたちにたんけんさせた。子どもたちは一人一枚の「はじっこカード」をもち、たんけんに出かける。「はじっこカード」を一枚にしぼったのは、子どもたちがどこを『はじっこ』とするか、理由をもってほしいということ、そして、『はじっこ』はどこかを、迷いながら探すことで、より校内を歩きまわることができると考えたからだ。

　次に、それぞれが見付けてきたはじっこを交流する。そうすると、明らかにはじっこではない場所に「はじっこカード」を貼ってきた子どもたちがいた。すると、「そこは『はじっこ』じゃないよ」というつぶやきがあった。このことから「『はじっこ』ってどんな場所？」という疑問が生まれた。そこで、クラスで『はじっこ』の定義について話合いを行った。すると、「いきどまり」や「ドアのところ」など、いろいろと意見がでたが、全員が納得したのが「もうもどるしかないところ」という意見だった。そして、もういちど、この定義で『はじっこ』を探しにいくたんけんをしたところ、子どもたちは、「どうも、『はじっこ』と言ってもいろんな場所があるらしい」ということがたんけん後の振り返りでわかってきた。そして、それぞれの階の『はじっこ』を確定できた。

　『はじっこ』を確認しにいく際に、子どもたちは、他の学年の学習活動や学校での先生以外の仕事など、いろいろなことに興味をもち、ついつい寄り道をしてしまう。しかし、その寄り道を有効にとらえて、次の「階を分けてのたんけん」につなげていった。

Models for Active Learning

ALモデル② 第8時〜第10時
『階を決めてのたんけん』

■育てたい資質・能力
＊階を決めてじっくりとその階の様子を知り、興味をもったことなどについて、周りの人に聞こうとする力【コミュニケーション】
■概念の形成
＊学校には自分たちにはわからないところがあるが、いろいろな人がそれを教えてくれることへの気付き【連携・協力】

好きなときに情報を書き込むための大きな地図を使用

コミュニケーションのスキルで、教職員と適切にかかわることができるようにする

　すべてのはじっこを探す活動を行ううえで、子どもたちはその階にある様々な部屋や、各学年の学習活動に触れている。そこで、「これから、3回たんけんをするんだけど、行く階を決めて、全部の階に行ってきてほしい」と伝えた。

　階を決めるといっても、それぞれが行きたい階へ行かせることにした。その理由としては、**各階で見てきた情報を1時間ごとに交流することで、すべての階の「ひと、もの、こと」にクラスの全員が興味を示してほしいと考えた**からだ。また、当初、1年生なりの学校地図をつくれればと思い、「地図をつくろう」と子どもたちに投げかけていた。そのため、より多くの部屋の情報をもってきてもらいたいと考えたためでもあった。

　たんけん後の振り返りでは、子どもたちは自分が気になった部屋の情報を友達の前で生き生きと語っていた。そして、自分がたんけんした階ではないにもかかわらず、「ぼくもそれ見たよ！」などの発言が多くみられた。こうして3時間のたんけんの間に子どもたちは情報を集めていき、断片的に学校の日常が見えてきた。わからないことがたくさんある子どもたちは、いちばん身近にいる担任に助けを求めてくる。

　あるとき、部屋の名前を漢字で移してきた女の子がいた。そして、「先生、なんて読むんですか？」と聞いてきたので、「今度、このお部屋の近くにいる先生に聞いてみたら？」と答えた。そうすると「どうやって聞けばいんですか？　お名前を知らないので、話しかけにくいです」と返してきた。そこで、**名前の知らない先生方には、まず、お名前を聞くことや、話しかけるときは「今、お話いいですか？」と断ってから、自分がなぜ話しかけているのかの理由を言うようにしよう**と伝えた（職員とのコミュニケーションスキル）。同時に、**職員にも同じことを伝え、失礼があった場合は、「先生にはどうやって話しかえればいいって教わったの？」と問い返す**ようにしてもらった。学校全体で子どもたちを育てるような支援をすることで、子どもたちは学校で話せる人が増えていき、学校がより安心できる場所になってほしいと考えた。

STEP 3 アクティブ・ラーニングの展開例

ALモデル3 第11時～第14時
『興味別のたんけん』

興味をもった場所へかかわれるよう、環境を整える

■育てたい資質・能力
＊個人の興味に沿って、自由にたんけんし、繰り返しかかわることで、次々と新しい発見があるということに気付く力【対象への働きかけ】
■概念の形成
＊学校には、一度見ただけではわからない不思議な物やおもしろいものがあることへの気付き【多種・多様】

繰り返しかかわることで、気付きの質を高める

　この段階では、子どもたちは、まだいろいろな部屋に自分から入っていない。すると、「一階のはじっこのお部屋で、なんだか6年生がエプロンをつけていた。何をやっているのか気になる」という発言が教室を飛び交いだした。

　探検を重ねた子どもたちは、廊下から特別教室の様子を眺めるだけでは満足できずに、部屋の中に入りたいという気持ちが生まれた。そのタイミングで「**しつれいします**」という入室のための魔法の言葉を教え、前回の「**学校で働く人に話しかける話し方**」とセットで使うと、どこの部屋に入っても大丈夫なことを伝えた。教室で真剣に学ぶ上級生の様子を肌で感じたり、特別教室にしかないものに直接触れたことで、興味・関心がより高まった。かかわりたい対象に対して、かかわる方法を知り、自分が知りたいことを知ることができるという「学びの楽しさ」が子どもたちに浸透していった。

　子どもの気付きも、繰り返しかかわることで質が高まっていった。給食室にあるものの名前を調べていた男の子が、ふいに「給食エレベーターって何時に動くのですか？」と、調理員さんに聞いていた。その男の子は何度も給食室を訪ねていたが、実際に動いているところは見られずにいた。そのため、どのタイミングで2階と3階へ給食が運ばれるのかを知りたくなったようだ。ある女の子は、校長先生のもとを繰り返し訪ねて、検食をしている場面に出合った。「どうして、校長先生だけ、こんな早い時間に食べるのですか？」と聞いた。1回の説明ではわからなかったので、自分が理解できるまで何度も通い、最後には検食のことについてみんなに伝えられるまでになった。

　このように、特定の人・もの・ことにかかわるのが楽しいと感じる子どもが出てきた。休み時間なども積極的に対象にかかわっていたが、**休み時間では見られない他学年の学習活動の中にこそ、これからの6年間の学習の種がつまっている**。授業時間でのたんけんを通して、子どもたちは実に様々な情報を集めてきた。そして、それを友達に伝えたいという気持ちが強くなった。

Models for Active Learning

ALモデル4 第15時〜第20時
『マイマップで情報を更新』

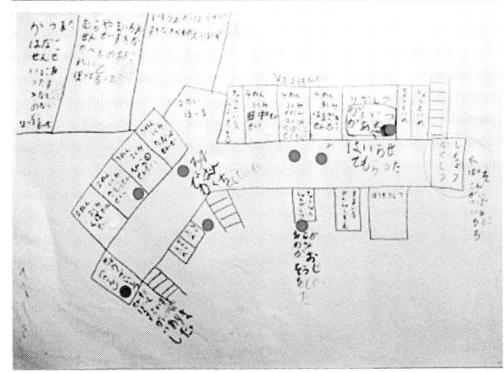

友達とのたんけんの重なりを可視化するためのシールの活用

■**育てたい資質・能力**
＊情報を積み重ね、自分が知りたいことを整理し、より自分の興味・関心に沿ったたんけんになるようにすること【学習意欲】

■**概念の形成**
＊たんけんの情報を積み重ねることによる、自分の知りたいことや、やりたいことへの気付き【独自・尊重】

自分の「気付き」を大切にするために、情報を積み重ねる

　10時間までのたんけんで、子どもたちは学校の部屋の名前や位置をある程度把握し、全体での確認もできた。そこで、これまで使っていた廊下だけの白地図をやめ、部屋名の入ったワークシートを持たせた。**子どもたちは部屋の中の様子をたくさん話してくれるが、記録として残すまでにはいたらなかった。**その一つの原因として、部屋の位置を確認し、名前を書いてから情報を書き込もうとし、その過程が大変で記録をあきらめてしまう子どもが多かったことがあげられる。そこで、**部屋の位置は大体把握できているので、マイマップを活用し、新しい情報を追記できるようにした。**

　マイマップを使いはじめてからは、毎回同じワークシートを手に、前回のたんけんで気付いた書き込みに加えて追加できるようになった。そうすることで、前回のたんけんで得た情報を確認しながら、次のたんけんにつなげることもできるようになった。

　どこをたんけんしようか迷っている子どもには、「マイマップを見てみようよ。この前はどこを見てきたのかな？」などと声をかけて、まだ行っていない場所や、前回行った場所へ行ってみるように促した。同じ場所へ何度も足を運び繰り返しかかわって、どんどん情報が増えていく子どももいれば、いろいろな場所へかかわることで、広く学校の情報を集める子どももいるなど、どんな調べ方をしても、1時間ずつの情報はマイマップに書かれていき情報は積み重ねられていく。**自分が学習した証が目に見えることで、友達や教師と自分の情報を共有**でき、互いに認め合ったり、比べたりすることで、たんけんは深まっていった。

　友達との交流では、たんけんの重なりや違いをよりわかりやすくするよう、友達が発表した場所にはシールを貼っていくことにした。そうすることで、同じところをたんけんした友達同士で話が盛り上がったり、自分が行ったことのない場所の情報をもっている友達と話したりしながら、興味別にグループができ上がっていくなど、協同しながら学習を進めていく姿が見られるようになった。

STEP 4 子どもの姿から　　　　　　　　　　　　　　[成果と課題]

素直に自分がすごいと思ったものへかかわり、未来の学習に希望を抱く

　　はじっこみつけの段階から、2階のホールで地図づくりをしている3年生を見付けていた。
　Aさんは、階を決めてのたんけんのときに「すごい！すごいのみつけた！」と教師を2階のホールへ連れていった。そこでは、少しだけ色の付いた大きな学区の白地図があった。きれいに色をぬっている地図を見て、「わたしもやってみたい」とつぶやくAさん。その後もたんけんのたびに足を止めて、じっと活動に見入り、地図が完成していく様子を見ていた。色分けされて、たてもののシールが貼られ、どんどん

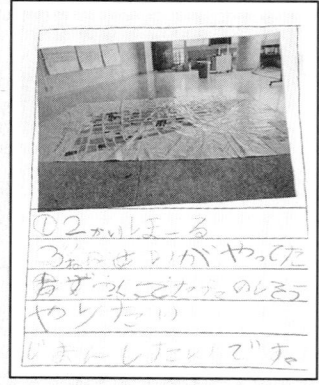

Aさんの情報カード

完成していく様子を観察し続けたAさんは、15時、16時の情報を伝え合う時間で、カードにこう記している。「3年生が地図をつくってて、楽しそう。じまんしたいです」「たのしそう」と表現できるのは、3年生が地図づくりを生き生きと行う姿を繰り返し見ていたからこそできる表現である。そして、上級生ががんばってつくった学習の成果物を見て、素直にすごいと思い、未来の自分の学習に思いをはせることができた。

繰り返したんけんすることでこだわりの教材にたどり着く

　　Bさんは、探検の目標がなかなか定まらずにいろいろな階をうろうろしていた。いろいろなものを見付けられてはいたのだが、文字での記録が苦手なBさんは、マイマップにも記録を残せず、教師としてもいまひとつたんけんの実態を把握しきれていなかった。マイマップには文字による記録

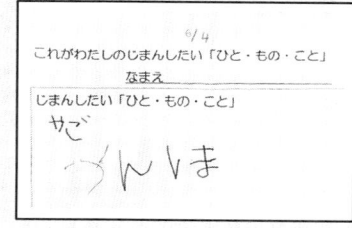

Bさんのワークシート

だけでなく、音声での聞き取りや、絵に表してみようという声かけも行った。
　　そこで、探検中に立ち止まっているBさんに気になっているものはないか、個別に声かけをするようにした。そして、Bさんの思いを教師がくみ取り、記録できないことによってBさんの興味がなくならないよう留意した。その結果、Bさんはヤゴについて興味をもちはじめ、絵と文字を組み合わせた記録にも意欲的になった。家庭でも学校でもヤゴについて積極的に情報を集め、毎日友達の前で発表した。その結果、友達からは「Bさんはヤゴ博士だね」と言われるまでになり、自分のしている学習に自信がもてるようになった。

生活 第1学年

本単元の目標 植物を育てることに関心をもち、育てている植物の世話をしたり、観察をしたりして、その変化や成長の様子、上手に世話をできるようになった自分自身の成長に気付き、植物を大事に育てることができるようにする。

[時間数] 全20時間

げんきな はなを そだてよう

■ 本単元で育成すべき資質・能力

■学習意欲
本単元では、自分と植物とのかかわりに気付くようにしながら、自分の思いや願いに沿った花を栽培することで学習意欲を育成する。

■思考・自己理解
本単元では、植物の成長の様子がわかる写真を使うことで、自分の植物とのかかわりの変化から、自分自身の成長に気付く力を育成する。

■対象への働きかけ
本単元では、自分の花の様子を「うえきばちミュージアム」に表現することで、繰り返し自分が育てている花にかかわっていく力を育成する。

■ 本単元におけるアクティブ・ラーニングの概要

■実践の背景
1年生の最初の時期に、アサガオの栽培活動が位置付けられている学校は多い。しかし、1年生の子どもにとってアサガオを育てる必然性はあるのだろうか。

自分の思いや願いに沿った花を育てることができれば、栽培活動に対して意欲をもち、これからの生活でも自信をもって生活することができるのではないだろうか。

また、生命をもっていることに気付くのも大切であるが、植物の世話を通して、上手にかかわることができるようになった自分自身の成長に気付くことも大切にされなければならないと考えている。そのような考えから、実践をスタートした。

■知の創造に向けて
本単元では、【多種・多様】【変容】【創造・構築】の概念の形成に向けて、自らの思いや願いに沿った花を栽培し、「展開例」で示す学習活動を、問題の解決のために友達と協同的に進めてきた。

■展開例

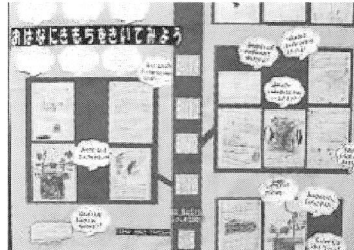

ぐんぐんおはなツリー

花の成長の様子がわかる写真

うえきばちミュージアム

STEP 1 単元の流れ

1 はなのたねをまこう

> ぼくは、ホウセンカを育ててみたいな

これまでの生活における栽培経験を話し合い、一人一人が自分の思いや願いに沿った花を育てることができるようにする。また、春から育てることのできる花について調べる機会を設定し、世話の仕方についても調べることができるようにする。

2 はなのせわをしよう

> つるがのびてからまるから、支柱を立てよう

自分たちの花に必要なものを考えたり、それを準備したりして、花を育てることのよさに気付き、自分たちの花を大切に育てることができるようにする。また、花の成長の様子で気付いたことを適宜絵や文などで表現することができるようにし、それを蓄積できるようにする。

3 はなのせわをふりかえろう

> わたしががんばったから、元気なお花が咲いたよ

これまでの栽培活動を振り返る活動を通して、自分の花への親しみが増え、上手に世話をできるようになった自分自身に気付き、これからの生活に意欲や自信をもつことができるようにする。多様な表現方法を用いて、栽培活動を振り返ることができる機会を設定するようにする。

[時間数] 全20時間

STEP 2 指導計画

【教育活動の展開】　　　　　　　　　　　　　　　　　　【指導の手立て】

1 はなのたねをまこう

第1時　これまでの生活経験を基に育てたい花について話し合う。

第2時　自分が育てたい花を決める。

第3時　種まきをする。
第4時　種まきの様子や、種の形などをお花ノートに記録する。

第5時　育てたい花の育て方を調べる。

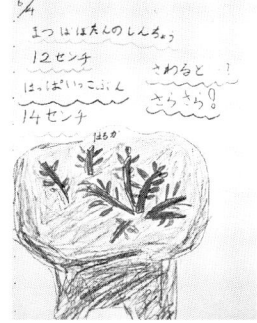

お花ノートへの記録と蓄積

2 はなのせわをしよう

第6時
第7時
第8時
第9時
第10時
第11時
第12時
第13時
第14時
第15時

①植物の育ち具合に応じて、花の支柱を立てたり、水をあげたりするなど花の世話をする。

▼

②継続的に葉の様子や茎の様子など、花の様子を観察する。

▼

③花の成長の様子で気付いたことをお花ノートに絵や文で表す。

※①〜③を行き戻りしながら、活動を行う。

自分の花の紹介の掲示

花を育てる上で心配なことの共有化

3 はなのせわをふりかえろう

第16時　これまでの世話を振り返り、クラス全体で話し合う。

第17時　これまでの栽培活動をうえきばちミュージアムにどのように表現していくかを考える。

第18時
第19時　うえきばちミュージアムに自分の世話の様子や、成長の様子、育てているときの気持ちを多様な表現方法で表す。
第20時

うえきばちミュージアム

第1章　生活科アクティブ・ラーニング　031

STEP 3 アクティブ・ラーニングの展開例

ALモデル① 第11時
『心配なこと、そうでないことの話合い』

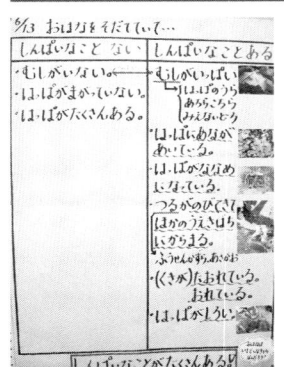

話合いを可視化するために模造紙を活用

■育てたい資質・能力
＊繰り返し自分の育てている花の様子を観察し、花にはたらきかけていく力【対象への働きかけ】
■概念の形成
＊植物の育ちは、その種類ごとに多様であることへの気付き【多種・多様】

友達と話し合ったことをもとに繰り返し花にかかわる

　6月のある日、オクラを育てていたある女の子が、「先生、大変、私のオクラの葉っぱに穴があいている」と言いはじめた。一緒に見に行ってみると、虫に食われた様子であった。すると、「僕のアサガオも穴があいている」と他の子どもも言いはじめた。

　オクラについた虫の問題を皮切りに、「なんかつるみたいなものが伸びてきて、他の植木鉢にからまる」「葉っぱが白くなってきた」「（茎が）倒れてきた」など、これからお世話を続けていく上で心配なことがたくさん聞かれるようになった。

　そこで、今心配なことがあるかどうかについて全体で話し合うことにした。「僕は心配なことないよ」という子。「いやいやいっぱいあるよ」という子。それぞれの意見を聞きながら、教師は子どもたちの意見を模造紙にまとめていった。**子どもたちの意見をその場で模造紙に記録し、後日その様子を写真に撮って貼ることで、言葉だけではなく視覚的にも共有できるようにした。**

　子どもたちは、「同じお花でも虫がいるものといないものがあるね」「つるがのびるお花とのびないお花があるんだね」など、それぞれの花にあったお世話の仕方に気付いていった。

　フウセンカズラやアサガオなど、つるがのびる植物については、支柱を立てることで意見がまとまり、子どもたちは次々に支柱を立てていった。また、葉っぱが白いのが心配な子どもは、「毎日よく観察して水やりの量を調整しよう」など、子どもたちなりの解決方法を考えている様子が見られた。

　また、同じオクラでも虫がついている、ついていないものがあることに気付き、互いの世話の様子を情報交換する姿も見られた。

　そして、「虫はティッシュでぎゅっとつぶしてとればいいんだよ」「水で流すことはできないかな」など、情報交換したことをもとに解決方法について共に考え、行動にうつしていった。

ALモデル② 第13時
『ぐんぐんおはなツリーでクラスの栽培活動の軌跡を共有』

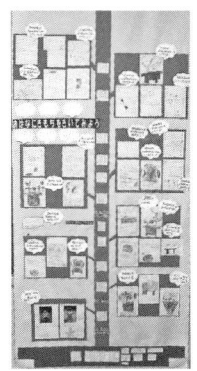

ぐんぐんおはなツリーの活用

■育てたい資質・能力
＊友達の花と自分の花の様子を比べ、自分の花を意欲的に育てていこうとすること【学習意欲】
■概念の形成
＊植物は自分のかかわりによって変容していくことへの気付き【変容】
＊植物の育ちはその種類によって多様であることへの気付き【多種・多様】

友達の花と自分の花を比べ、自分の花への関心を高める

　種をまいたとき、芽が出てきたとき、また何か問題が起こったときなど、栽培活動の節目でその様子を書き留めていくよう子どもに投げかけた。そのノートを「お花ノート」と子どもたちは名付けた。絵や文、そして写真など、自由に表現できるこの「お花ノート」に、子どもたちは１年生なりの素直な記述を残していき、その中には多くの気付きが見られるようになっていった。

　子どもたちなりの視点で様々な気付きが多くかかれていた「お花ノート」。その素晴らしい気付きを全体で共有したい、栽培に対する意欲を継続させていきたいと考え、**これまでの栽培活動を時系列で表した掲示物をつくる**ことにした。花が大きくなっていく様子を時系列で表すことで、花の成長の様子と自分のかかわり方の変化を関連付けて考えることができるような掲示物の作成を試みた。子どもたちは、この掲示物を「ぐんぐんおはなツリー」と名付けた。

　「ぐんぐんおはなツリー」には、子どもたちの「お花ノート」の記述だけでなく、普段のつぶやきを吹き出しにして掲示していった。「同じお花なのにどうしてこんなに大きさが違うんだ」「雨の日と晴れの日ではどっちがいいんだろう」など、普段の生活での何気ない疑問から、「水をあげたから私のお花は大きくなったよ」「オクラの実は上のほうにしかできないよ」など子どもたちが観察する中で気付いたことまで多くの表現が掲示物の中に蓄積されていった。**お花がどんどん伸びていくように、この掲示物も子どもの栽培活動のドラマと共に高くなっていく。このようにしてクラスの栽培活動の軌跡を一目でわかる**ようにした。

　子どもたちは、生活科の時間だけでなく、休み時間にもこの掲示物を楽しそうに見て、「ぼくのオクラと、全然違う育ち方をしているんだな」「みんないろいろなお世話をしているんだな」など、友達の花と自分の花を比べ、自分の花への関心を高めると同時に、友達の栽培活動の様子にも関心を広げている姿も見られた。

STEP 3 アクティブ・ラーニングの展開例

ALモデル3 第17時
『花の成長の様子がわかる写真』

■育てたい資質・能力
＊自分の植物とのかかわりの変化から、自分自身の成長に気付く力【思考】
■概念の形成
＊自分の植物へのかかわりから、植物が大きくなっていることへの気付き【変容】

花の成長の様子がわかる写真の活用

花の成長と自分自身の成長を関連付ける

　前時までの「うえきばちミュージアム」の記述には、「僕がとったオクラは12センチだった」「僕のオクラのつぼみは7こです」など、対象に対する気付きが多く見られた。また、「私のあさがおは、私よりおおきくなりました」「私のあさがおさわるときもちいいです」など自分と花とのかかわりに言及している表現も見られた。そこで子どもたちが前時までに「うえきばちミュージアム」に書いた内容を教師が3つの観点で板書を使って整理した。

おはなのこと
・ぼくのおくらのつぼみは7こです。
・まがったおくらは2こあります。等

じぶんとおはなのこと
・じぶんのおはなにはなしかけたよ。等

じぶんのこと
・さいしょはかんさつがたいへんだったけど、いまはたいへんじゃない。
・みずをすこしずつあげることができるようになった。等

　子どもたちは自分たちの「うえきばちミュージアム」を見ながら おはなのこと を多く書いていることに気付き、自分と花とのかかわり方に目を向けていた。その後オクラを育てていた子どもの、芽が出る前の写真と花が咲いた後の写真を提示した。すると、「おぉー」と歓声があがり、「おっきくなってるー」「私のも見てみたい」「うえきばちミュージアムに使いたい」と声があがった。そこで、「みんなのお花は何もしないでこんなに大きくなったのかな」と教師が問いかけると、「水の量を考えて水をあげた」「虫をがんばってとった」など、前の自分と今の自分の花へのかかわり方を振り返る発言が多く聞かれた。そして、自分の「うえきばちミュージアム」に、 じぶんとおはなのこと や じぶんのこと を記述していく子どもたちの姿が多く見られた。

ALモデル4 第18時
『うえきばちミュージアムで活動や気付きを表現』

うえきばちミュージアムの活用

■育てたい資質・能力
＊自分の花の様子を「うえきばちミュージアム」に表現し、繰り返し自分が育てている花にかかわっていく力【対象への働きかけ】

■概念の形成
＊自分なりの植木鉢をつくり上げることによる、自分と花とのかかわりへの気付き【創造・構築】

自分の花の様子や世話の様子を振り返り、自分なりに表現する

　オクラやフウセンカズラを皮切りに子どもたちが育てている植物が花を付けはじめた。そこで、「みんなのお花を多くの人に見てもらいたいね」と教師が投げかけ、「うえきばちミュージアム」をつくろうと提案した。子どもたちは、「それおもしろそう」「僕のオクラのおくちゃんのことをみんなに見てもらいたいな」と口々に意欲にあふれた発言が多く聞かれた。

　そこで、どのような「うえきばちミュージアム」をつくるのかについて子どもたちと話し合うことにした。この際、「ぐんぐんおはなツリー」も活用し、これまでの栽培活動を時系列で振り返った。

　「途中で大変なこともあったけど、4月からこんなにたくさんのことをしてきたんだね」「あんなに小さかったのに今は自分の顔が見えなくなるぐらい大きく育ったんだね」など、子どもたちから植物の成長の様子を振り返る発言が多く聞かれた。

　こうした発言をもとに、「博物館みたいに自分のお花のことを紹介していきたいな」「僕がこれまでお世話でがんばったことを書いて、それを見てもらいたい」との意見が出され、**自分が書きたい方法で一人一人の植木鉢にこれまでの世話の様子や、植物の成長の様子、育てているときの気持ちなどを表していくことを全体で決定した。**

　子どもたちは、吹き出しに花の様子をかいたり、発芽から結実までの様子を折り紙で表現したり、植木鉢にこれまでの成長表を貼り付けたり、支柱からリングを使って紙を吊り下げたりと、思い思いの表現方法を考え、これまでの栽培活動を振り返り表現していた。

折り紙で種ができるまでを表現する

STEP 4 子どもの姿から　　　　　　　　　　　［成果と課題］

繰り返し花にかかわり、自分の成長に気付く

　アサガオの栽培に取り組んだAさんは、毎日の花の変化を楽しみにしていた。Aさんの「うえきばちミュージアム」には、「わたしのアサガオは、さわるとふわふわしてきもちいいです」「はっぱがむらさきになっちゃった」などの吹き出しが見られたが、ここからも日々見られるアサガオの成長を、驚きをもって受け止めている様子がうかがえる。

Aさんの「うえきばちミュージアム」

　また、「わたしのしんちょうよりもおおきくなりました」「わたしのアサガオは、みずをあげたからおおきくなりました」という言葉もアサガオの成長を感じ取ったものであるが、これらは継続的に栽培活動に取り組んだことからこそ生まれた言葉である。ある一定の時間、対象と繰り返しかかわったことで、自分自身や自分の行動とのかかわりにおいてアサガオの成長をとらえることができるようになってきたのである。

繰り返し花にかかわり、自分の花への愛着をもつ

　オクラの栽培に取り組んだBくんは、「おくらくん」という名前を付けるなど、対象に対して愛着を感じている様子がうかがえた。Bくんの「うえきばちミュージアム」には、たくさんの吹き出しがあるが、その中には「まえはさんかくだったけど、きょうはほしみたいだった」「まえはちいさかったけど、いまはすごいおおきくなりました」というように、以前の状態と比較した上での様々な気付きが見られたが、これなども対象と繰り返しかかわったことで生まれた気付きであった。

Bくんの「うえきばちミュージアム」

　Bくんはこのようにオクラに対して多くの気付きを得ていたが、オクラの成長と自分自身の行動との関係についてはあまり意識が及んでいなかった。

　そこで、ALモデル3で述べた花の成長の様子がわかる写真を提示することで、オクラの成長と自分自身の行動との関係に気付くことができるようにした。Bくんからは、「むしをひとつひとつがんばってとった」などの発言が聞かれ、対象とかかわる自分自身にも気付いていく様子がうかがえた。

生活 第1学年

本単元の目標 身近な人々、社会及び自然とかかわりながら、自然物を活用した遊びをつくったり楽しんだりし、周囲の人の言動や感想を通して、自分自身のよさや可能性に気付き、意欲と自信をもって生活することができるようにする。

[時間数] 全27時間

この秋オープン ぼくたちの夢の国

■本単元で育成すべき資質・能力

■学習意欲
子どもたちが興味をもって取り組むことができる教材を取り上げ、繰り返し活動する場面を設定し、学びの対象を身近に感じさせることで、学習意欲を育成する。

■思　考
活動の目標をもたせ、他者とのかかわりを通して、その実現の道筋を考えさせることで、見通す力を育成する。

■自己理解
自分の思いや願いを発表する場を設定し、振り返る活動を取り入れ、充実感や達成感を味わわせることで、自己肯定感を高める。

■本単元におけるアクティブ・ラーニングの概要

■実践の背景
現行の学習指導要領では、学年の目標(3)自分自身に関する内容が増えた。その背景には「してみたい、なりたい」という思いをもちながら活動や学習に取り組む経験が少なく、自分のよさや可能性に気が付くまでに至っていないことがある。そこで、対象とのかかわりを深め、言動となって表れる気付きを基盤に、思考と表現を繰り返し、自分自身の成長を自覚できる学習体験を通し、周囲とかかわる経験をさせたいと考えた。

■知の創造に向けて
本単元では、【連携・協力】を重視し、校内にある『萩っ子の森』を舞台に、一から遊びをつくる活動をし、その振り返りから自分自身の成長を感じ取ることのできる単元を構想した。また、他学年や保育所児に遊んでもらう機会を設定し、そこでの他者評価を受けて、充実感や達成感をもち、自己肯定感へとつなげたい。

■展開例

活動場所「萩っ子の森」 　　遊びづくり（班活動・学級活動） 　　身近な人を招待しての夢の国活動

STEP 1 単元の流れ

1 萩っ子の森ってどんなところ？

> 萩っ子の森がますます好きになったよ
> ここで何かつくり出せるぞ

自然に湧き出る思いや気付きを大切にするため、自由に遊ぶ時間を設ける。その後、萩っ子の森のよさを話し合う中で、今後どのようなことをしていきたいかについて話を深めていく。また、活動の目標を明確にし、追究していく筋道をつくる。

2 ぼくたちの夢の国をつくろう

> お客さん、楽しんでくれるかな？
> もう1回遊んで考えようよ

問題が解決できるように、何度も萩っ子の森へ出かけられる時間を設ける。また、毎時間の振り返りから、現在の問題点を共有させ、次時への見通しをもたせる。魅力が詰まった遊びになるように、実際にみんなで遊び、よかった点や改善点を話し合い、練り直す時間を設ける。

3 夢の国、オープン

> 楽しんでくれて嬉しかったな。みんなと一緒にがんばれてよかったな

身近な人々（パートナーの5・6年生と保育所児）を招待し、その感想やこれまでの振り返りをもとに、学習の軌跡を確認し、達成感や自己肯定感をもたせ、生活への還元を図る。

STEP 2 指導計画

[時間数] 全27時間

【教育活動の展開】　　　　　　　　　　　　　　　　　　　　　【指導の手立て】

1 萩っ子の森ってどんなところ？

第1時	自由遊びや野外ゲームをしよう
第2時	・発見したことや気付いたことなどを伝える。
第3時	・見付けた物を調べる。
第4時	・見付けた物を使って工作をする。
第5時	・保育所の年長さんと遊ぶ。
第6時	まとめよう
第7時	・萩っ子の森のよさを話し合う。
第8時	・どんなことができそうかを話し合う。
	・どんな遊びができるかを考える。

何度も対象とかかわる場の設定

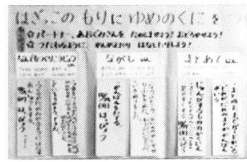

目標と振り返りの掲示

2 ぼくたちの夢の国をつくろう

第9時	遊びづくりをしよう
第10時	・つくりたい遊びごとに班をつくる。
第11時	・班ごとに遊びをつくる。
第12時	・毎時間の振り返りから達成できたことと次時の目標を立てる。
第13時	
第14時	・おみやげ班の提案で、おみやげづくりをする。
第15時	・現段階の遊びを年長さんに遊んでもらう。
第16時	各班の遊びをみんなで遊んでみよう
第17時	・遊びを発表する（全5班）。
第18時	・お客さんになって遊んでみる。
第19時	・よりよい遊びを目指し、よい点や改善点を話し合う。
第20時	
第21時	・再度班活動をする。
第22時	宣伝をしよう
第23時	・宣伝方法を考える。
第24時	・パンフレットをつくる。
	・パートナーと年長さんに宣伝しに行く。

萩っ子の森で試行錯誤できる時間の保障

萩っ子の森での話合い活動

3 夢の国、オープン

第25時	夢の国をオープンしよう
第26時	楽しかったね夢の国
第27時	・当日の様子や感想を話し合う
	・お客さんからの感想を聞いて目標が達成できたかを考えたり、ワークシートや写真から自分たちの軌跡を振り返ったりする。

発表の場の設定

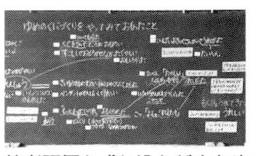

他者評価を盛り込んだまとめ

第1章　生活科アクティブ・ラーニング

STEP 3 アクティブ・ラーニングの展開例

ALモデル① 第1時～第8時
『とことん遊び、やりたいことを見付ける』

見付けたもの・遊んで発見したこと・木や場所の名前など

萩っ子の森で見付けたどんぐり

年長さんとつくった作品

掲示物（気付いたこと、発見したこと）の活用

■育てたい資質・能力
＊「こうしたい」「だれかに伝えたい」という思いをもつこと【学習意欲】
■概念の形成
＊季節や場所によって様々な遊びが楽しめることへの気付き【多種・多様】
＊対象に繰り返しかかわることで、身近に感じられることへの気付き【関連・循環】

思いや願いをもつために何度も対象にかかわる

　萩っ子の森でカエルがいつも同じ木にいることを発見した子が「カエルのマンションだ」と名付けるなど、繰り返し活動する様子が見られたことで、萩っ子の森が自分たちの世界に変容していく様子が見られた。そこで、より今後の活動に生きてくるだろうと考え、ネイチャービンゴや木鬼ごっこなども行った。

　この年、小１プロブレムの緩和を図るため、身近な人々とのかかわりを重視し、保育所児とも定期的な交流を行っていた。今回の交流では、年長さんの手を引きながらだんご虫がいる所に連れて行ったり、葉っぱの枝刺しを教えたりするなど、年長さんに自らかかわっていこうとする姿が見られた。これは、萩っ子の森で繰り返し遊んだことで思いをもち、それを伝えたいという気持ちからの行動であろう。そこで、**気付きの共有化を図るため、子どもたちの言葉を掲示**することにした。

　また、**萩っ子の森のよさを整理することで、ここで何がしたいか、何ができるかを見付け出すことができる**と考え、「萩っ子の森ってどんなところ？」と問いかけた。すると、「見付ける（捕まえる）」と「遊べる」の２つの要素が含まれていることに気付き、「見付けたもので遊ぶのも楽しい」という考えに至った。「パートナーにも萩っ子の森のいいところを教えて、一緒に何か面白い遊びをしたい」と、「何かつくり出せるぞ」という気持ちが高まり、「楽しませたい」「驚かせたい」という思いから、「ディズニーランドみたいな１つの国にしようよ」という壮大なアイデアへと広がっていった。

　普段、自分の思いで動くことを躊躇していたクラスの雰囲気が変わり、何かに挑戦したいと目標をもち、動き出した瞬間だった。そして、「お客さんに楽しいってことが伝わるように、説明もちゃんと伝えなくちゃいけない」というＡ児の発言から、**思いが伝わる経験が必ず子どもたちの自信につながっていく**という確信をもてた。そこで、「①パートナーと年長さんを楽しませよう！驚かせよう！」「②伝わるように、考えたり話したりしよう！」という２つの目標を掲げて、「夢の国」づくりがはじまった。

Models for Active Learning

ＡＬモデル② 第9時〜第15時

『班で話し合い、体感しながら遊びを考える』

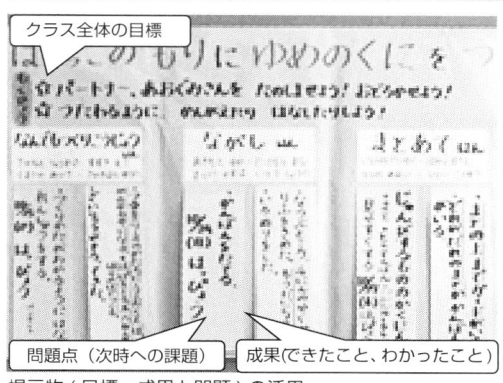

クラス全体の目標

問題点（次時への課題）　成果（できたこと、わかったこと）

掲示物（目標、成果と問題）の活用

■**育てたい資質・能力**
＊班の子と話し合ったり、実際に遊んでみたりしながら、遊びをつくり上げていく力【思考】

■**概念の形成**
＊一つ一つ話し合うことで、思い描いたものが形になることへの気付き【創造・構築】
＊周りの人と協力することで、問題が解決できることへの気付き【連携・協力】

思いや願いを深めるために、問題解決に向けての試行錯誤を繰り返す

　今回はあえて保育所の年長さんと、パートナーとして交流がある5・6年生という異なる年齢層をお客さんにする試みを行った。**年齢層が異なる子どもが同様に楽しみを見いだす遊びづくりは難しいが、目標に向かって思考錯誤を繰り返すことで、遊びに自分の思いや願いを深められる**と考えたからだ。予想どおり、どの班も苦戦していた。

　Ａ児のいる的当て班も、Ｂ児が一人で思いついたことを話し続けているだけで、話合いが進展している様子は見られなかった。そこで、Ａ児には主体的に話合いに参加することで、問題解決に向かう経験をさせたいと考え、話合いの焦点を材料・大きさ・数・遊び方など、一つ一つしぼって順番に話し合うように声をかけた。すると、友達の話を聞きながら賛成したり、お客さんのことを思い浮かべながら話したりする姿が見られるようになった。また、自分の意見が周囲から認められて喜ぶ様子も見られた。

　また、「どうしたらもっと素敵な夢の国になるだろう」という大きな目標のもとで、**毎時間の活動の成果や次時への課題を常に意識してほしいという目的から、班活動の成果と問題を掲示**することにした。活動を振り返ることで一人一人のがんばりが見えたり、もっとやらなくてはという思いが芽生えたりする。さらに、**情報の共有化につながり、他の班がどんなことをやっているのかを常に意識することができ、準備や片付けを自主的に行い、限られた時間を自分たちで充実させようとするためにも有効**であった。

　どの班も完成が見えてきた頃、的当て班では、異なる大きさの的をつくるはずが、すべてほぼ同じ大きさになってしまっていた。そこで、実際に的に向かってまつぼっくりを投げ、「右上が狙いやすいから、左下の点数を大きくしよう」と子どもなりに工夫したルールを加えることができた。また、年長、5・6年生では能力が異なるため、それぞれの的を設置する高さを変えることで、さらに難易度の違いを付けようと話合いができていた。実際に萩っ子の森へ出て、試しながら高さの調節を行う姿からは、他人任せで夢の国づくりを行おうとする子どもたちの姿はもう見られなかった。

STEP 3 アクティブ・ラーニングの展開例

ALモデル③ 第16時〜第24時
『各班の遊びを試し、全員で夢の国をめざす』

話合いの場面での萩っ子の森の活用

■**育てたい資質・能力**
＊実際にみんなで遊び、目標を達成する遊びになっているかを試行錯誤する力【思考】

■**概念の形成**
＊目標に向かって全員で取り組むことの大切さへの気付き【連携・協力】

思いや願いを深めるために、事前に明確な考えをもたせ、萩っ子の森で話合いをする

　遊びが完成した班から、目標が達成できる遊びになっているかをクラス全員で体験する時間を設けた。まずは**実際に遊び、「すごく楽しい」「まあまあ楽しい」「もっとよくなるよ」の3つのうちから自分の考えを選んでどんぐりを入れる「どんぐり投票」を行**った。すぐに投票せず、少人数のグループで会話をする時間を設けることで、自分の思いを再確認したり、自分の思いを決定できない子も、友達の意見から思いを決めたりすることができた。また、**思いを明確にしてから話合いに臨むことに加え、体験後の話合いも引き続き萩っ子の森で行うことで、言葉だけでなくその場に立ちながら意見の伝え合いができ**、活発な話合いになった。

　目標が明確であるため、1回目の話合いから「遅いな」「悔しかった」と、お客さんの気持ちを確かめながら話が進んでいった。発表班は、班で決めたことをみんなに伝えながらも、友達の意見を聞いて、

どんぐり投票

もっとよくなる方法に気付き、再度考えることができた。発表回数を重ねると、「ここがだめ」「つくり直したら？」などと発表者側には辛い意見が続くことがあった。するとC児が「だめだめ、言うだけじゃかわいそうだよ。どうしたらいいかまで言ってあげなくちゃ。つくり直さなくても高さを変えたらいいんじゃないかなと僕は思うよ」という新しい視点を加えると、そこから子どもたちは今ある状態を生かして、よりよくする方法があると気付かされた様子で、話の進展が見られた。発表者だったA児の振り返りカードには「はっけん（思いをもつ）」「あのね（伝える）」に加え、「気持ち」の項目にも笑顔マークに丸を付け、「Cくんの意見がよかったです」とコメントしてあった。そこから、C児に救われながら発表を終えた安堵感と、もう一度高さについて考えようと再度班活動への意欲が高まっている様子が見られた。

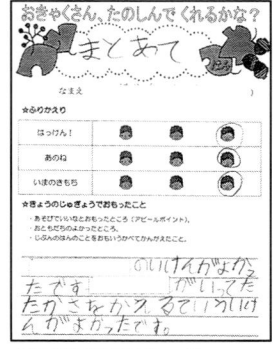

A児の振り返りカード

Models for Active Learning

ALモデル4 第25時〜第27時
『単元のまとめから、自分の成長を実感する』

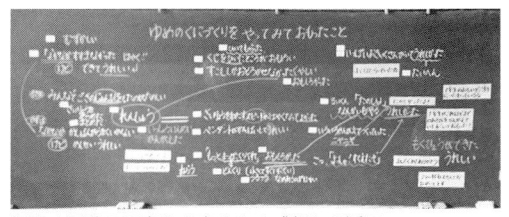

板書(活動の写真やお客さんの感想)の活用

■**育てたい資質・能力**
＊他者評価や活動の振り返りから、充実感や達成感を味わい、自分の成長に気付く力【自己理解】
■**概念の形成**
＊自分のがんばりが成長につながることへの気付き【関連・循環】
＊相手を想い、真剣に取り組めば、気持ちは伝わることへの気付き【連携・協力】

思いや願いを具現し、振り返ることで、自己肯定感をもつ

　待ちに待った「夢の国」オープン当日、練習してきたセリフを口にしたり物を渡したりしながら、子どもたちが忙しく動きまわる姿があった。ある子に「○○くんが完成したものを嬉しそうに見せてくれたよ。この材料を集めておいてよかったね」と声をかけると、「大繁盛でしょ！昨日の休み時間にも拾っておいてよかった」と答え、「はいはい、お待ちください」と笑顔でお客さんの対応をしていた。自分たちの思いが詰まった遊びを伝えたいと、充実感を味わいながら、みんなが主体的に動いていた。

　A児がいる的当て班でも、お客さん全員が楽しめるように最後まで話合いを重ね、的までの距離を変えた成果が出ていた。年長さんは的にまつぼっくりが当たるたびに喜び、高学年の子は「難しい」と言いながら真剣に挑戦していた。自分たちが思考錯誤してつくった遊びに夢中になっている姿を見て、ますますやる気を出して動くA児たちの姿があった。そしてA児は「5年生の○○くんが、的当てが楽しいって言いながら何回も来てくれて嬉しかったです」と振り返っていた。お客さんの姿から、自分たちの遊びが楽しいものになったことに気付き、達成感を味わえた様子を読み取ることができた。

　そこで、思いが新鮮なうちに本番で得た思いを発表し合った。班活動や事前発表会を振り返り、**みんなで一所懸命考え、練習してきたことが発揮できた喜びを感じ、発表前までの自分と比較することで成長した自分に気付くことができていた**。また、A児と同じように、お客さんの様子から自分たちのがんばりをとらえた子も多くいた。

　大型テレビに当日の写真を映したりお客さんの感想を読んだりしながら本時のまとめを行った。「1年生がこんなにできるとは思わなかった」というパートナーの感想に笑顔があふれた。また、「6年生の子どもたちが嬉しそうに遊んでいるのを見て、1年生の思いが伝わっているなと思いました」と6年担任が書いてくれた言葉に、B児が「目標が（達成）できて嬉しいな」と反応した。ここで自分たちに「できる」ことがあると確認でき、目標達成に喜ぶ姿から自己肯定感の高まりを感じ取ることができた。

第1章　生活科アクティブ・ラーニング　043

STEP 4 子どもの姿から　　[成果と課題]

A児の成長を追って

　何度も萩っ子の森に出かけ、諸感覚を使って体験活動をさせ、遊びを教材化したことで、「〜したい」という思いや願いをもち、夢の国の計画へと活動の広がりを生むことができた。また、自分の思いを伝えたり友達の意見を聞いたりするかかわりの中で問題が解決していくことに気付き、同じ目標に向かって試行錯誤を繰り返すことで、自分の思いや願いを深めていくことができた。そして、本番当日のお客さんの言動から達成感を得て、振り返りや他者評価から目標を達成した自分に気付くことで、自己肯定感を高めるA児の姿を見ることができた。

小1プロブレムについて

　本校は、隣接する保育所からの入学が多いため、何度もかかわることができる好条件であった。そのため実際に子どもたちの姿を見ながら、教師と保育士がそれぞれの立場で意見交換でき、子どもたちの生活に生かすことができたため、小1プロブレムの緩和につなげることができたと考える。また、夢の国オープン時に年長さんと来年度パートナーとなる5年生とが一緒に活動する場を設定したことで、この時期から互いの緊張を和らげることができた。今後も幼保小連携の形について考えていきたい。

A児のその後　生活への還元

　学芸会時のA児は、友達と声をかけ合いながら活動に取り組んでいた。発表後の日記は、用紙の行数を自分で増やすほど伝えたい思いにあふれており、自分の思いをとらえ、表現することが苦手だったかつてのA児の姿はそこにはなかった。「練習のときから大きい声を出そう」と思いや願いをもって活動に取り組み、「みんなで一緒にがんばれたから、おもしろい劇ができた」と、みんなで協力しようと思いや願いを深め、「ぼくたちの劇を見て、お客さんが楽しんでくれたのが嬉しかった」と相手のことを考えながら自分たちの思いや願いを具現していくことの喜びを感じ取っているA児の姿があった。本単元の経験がその後の生活に生きていることがわかり、嬉しく思う。

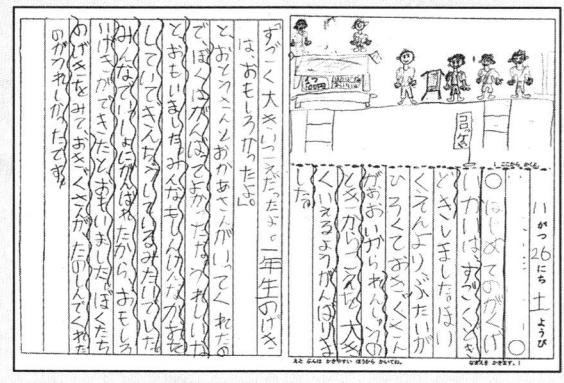

A児の学芸会の絵日記

生活 第1学年

[時間数] 全27時間

本単元の目標 身近な自然に関心をもち、四季の変化、季節によって生活が変わることや自然物などの特徴を生かして、自然の面白さ、不思議さに気付くとともに様々な遊びを工夫しながら楽しく遊ぶことができるようにする。

あきのあそびめいじん

■本単元で育成すべき資質・能力

■学習意欲
本単元では、子どもの思いや願いを大切にし、諸感覚を使い繰り返し秋の自然にかかわる中で見付けながら遊び、遊びながら創る環境を意図的に設定することで学習意欲を高める。

■思考
本単元では、豊富な秋の経験をさせ、たくさんの秋の共通点や相違点を見付け、ボトムアップで、秋についてのそれぞれの概念を構築していく。

■対象への働きかけ
繰り返し秋の自然に触れる時間・環境・空間を設定し、その体験から生まれる自然の不思議さ・面白さ・美しさに気付き、対象へ働きかける力を育成する。

■本単元におけるアクティブ・ラーニングの概要

■実践の背景
本単元では、身近な自然とのかかわりを通して、秋の自然を体全体で感じ、秋の自然の物を使い、遊びを工夫し、みんなで遊びを楽しくする姿を期待する。そこでまず、子どもにとって身近な校庭で秋探しをする。春にも同じように散策をしているので、四季の変化を感じさせるようにした。

秋の自然にたっぷりと触れ合う体験から、子どもは自然の不思議さや面白さ、美しさに気付くようになった。そして諸感覚を使い、自らの思いや願いをもって活動するようになり、秋の自然物の特徴を生かした遊びを考えるようになった。

■知の創造に向けて
本単元では、【創造・構築】を重視し、3つの小単元で構成され、繰り返し身近な秋の自然とかかわり、「見付ける」「創る」「遊ぶ」が十分に行われるように時間・環境・空間を意図的に設定し授業を展開している。

■展開例

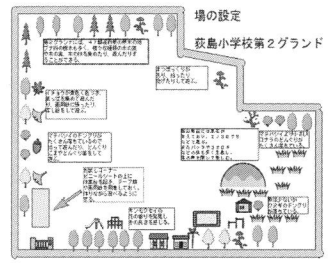

繰り返し遊ぶことのできる環境づくり　　春と比較できる絵地図の活用　　友達や自然とのかかわり

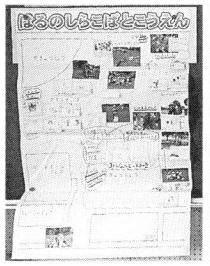

第1章　生活科アクティブ・ラーニング　045

STEP 1 単元の流れ

1 校庭や公園へ秋を探しに行こう

> 先生、見て見て！ オレンジ色の葉っぱを見付けたよ

繰り返し校庭や公園で、秋探しをすることによって、自然や季節の変化に関心をもつことができるようにする。また、自然と触れ合い、秋の自然物を使って遊び、そのときの様子や思いを紹介させ、子どもの気付きを価値付けるようにする。

2 見付けた秋で遊ぶ計画を立てよう

> みんなが見付けた「すてきな秋」で楽しい遊びができそうだね

身近な自然物の中から遊びを考え、使ってみたい物を見付け、遊びをつくり出すことができるようにする。繰り返し秋の自然に触れる時間・環境・空間を設定し、見付けながら遊び、遊びながらつくる環境を意図的に設定し、子どもの思いや願いを大切にして学習意欲を高める。

3 秋の遊び名人になろう

> 春もいいけど、秋っていろいろな物でいっぱい遊べるから楽しいな

見付けた秋の自然物を使って、みんなで楽しく遊ぶよさや季節と自分たちの生活とのかかわりに気付くことができるようにする。そのためにいろいろな秋の経験を振り返り、たくさんの秋の共通点や相違点を見付け、ボトムアップで、秋についてのそれぞれの概念を構築していく。

STEP 2 指導計画

[時間数] 全 27 時間

【教育活動の展開】

1 校庭や公園へ秋を探しに行こう

- 第1時〜第4時：校庭で秋を探しながら、自然と触れ合う。
- 第4時：秋になって自然の様子など変わってきている点について話し合う。
- 第5時〜第9時：公園に出かけ、秋を探しながら、自然と触れ合い、秋の自然物を使って遊ぶ。
- 第10時：公園や校庭で、見付けたものや遊びを紹介する。

2 見付けた秋で遊ぶ計画を立てよう

- 第11時〜第13時：見付けた秋の自然物を使って、つくりながら遊ぶ。自分の遊ぶものをつくり、さらに必要な秋のものを考える。
- 第14時〜第18時：公園に出かけ、自然と触れ合い、遊びに必要な秋のものを集めたり、遊んだりする。

3 秋の遊び名人になろう

- 第19時〜第21時：遊ぶものをつくる。
- 第22時〜第23時：つくったものを紹介し合い、楽しく遊ぶ。（秋の遊び名人パートⅠ）
- 第24時：秋の遊びを振り返り、他のクラスとの交流会について話し合う。
- 第25時〜第26時：他のクラスの友達に、つくったものを紹介し合い楽しく遊ぶ。（秋の遊び名人パートⅡ）
- 第27時：季節の変化や、落ち葉や木の実で遊んだことをカードに絵や文で表して学習をまとめる。

【指導の手立て】

身近な場所で、諸感覚を使い、秋の自然と繰り返しかかわる

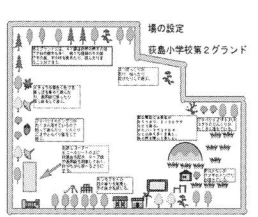

繰り返し秋の自然に触れる時間・環境・空間を設定する

見付けながら遊び、遊びながらつくる環境を意図的に設定する

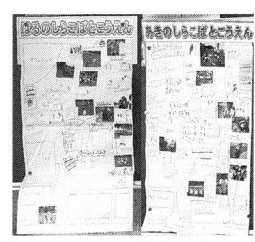

秋の共通点や相違点を見付け、ボトムアップで、秋についてのそれぞれの概念を構築していく

第 1 章　生活科アクティブ・ラーニング

STEP 3 アクティブ・ラーニングの展開例

ALモデル① 第1時〜第10時

『諸感覚を使い、多様な気付きを誘発するための働きかけ』

お気に入りの秋を見付ける子ども

■育てたい資質・能力
＊諸感覚を使って、能動的に繰り返し身近な秋の自然とかかわろうとすること【学習意欲】

■概念の形成
＊諸感覚を使い、秋の自然に働きかけることによる、多様な季節の変化への気付き【多種・多様】

教師の積極的な働きかけによって子どもの多種・多様な気付きを引き出す

　本単元の導入で秋探しをする前に春の様子を思い浮かばせたり、教科書や秋に関する絵本を紹介したり、教師が見付けてきたものを見せたりして、子どもの秋への思いを高めた。

　ある秋晴れの風が気持ちのよい時期を選んで校庭へ行った。子どもが見付けてきたものについて、**共感的に受容し、視覚だけでなく、他の感覚を使って見付けた子どもを大いに賞賛**するなどして、教師が積極的に子どもにアプローチを行った。

　その結果、子どもは、葉や実などの目に見えるものだけでなく、空を見たり、秋の涼しい空気を感じたり、キンモクセイの匂いなど目に見えないものにも気付き、「きれいだな」「いいな」と感じるようになった。また、同じどんぐりでも色々な種類があり、大きさや形が違うことに気付いた。そして、この授業を境に登校のときや休み時間に落ち葉や木の実をほぼ毎日拾ってくるようになった。

　教師が、**子どもの見付けてきた秋の自然物に対して「すごい」と驚き、「いいね」と共感し、価値付けた**。その前後で、子どもの気付きを分析したら、視覚を使った気付きが圧倒的に多かったのが、諸感覚を使って気付くことが増え、さらに情意的な気付きも増えた。さらに、様々な気付きと合わせて、言葉が育ってきた。

　春、夏、秋、冬の季節ごとに校庭へ出かけ、様々な体験をしてきた。だからこそ季節の変化や自然に意識が及び、敏感になった。そして、振り返りの話合いでは、子どもたち同士が、友達の発表を聞いて、自分の経験や思いを引っ張り出して、友達の発表につなげられるようになった。冬の遊びでの導入では、冬になって変わったことを子どもに聞いたところ、あふれるように言葉が出てきた。

　子どもは、季節の変化や自然に敏感になっているからこそ、様々なことに気付いていた。それは、自然事象にとどまらず、社会事象など自分のかかわりにおいての変化に気付いていた。さらに視覚的なものだけでなく、諸感覚を通しての気付きが見られた。

Models for Active Learning

ALモデル② 第11時～第13時
『身近な環境を生かし、繰り返しかかわる』

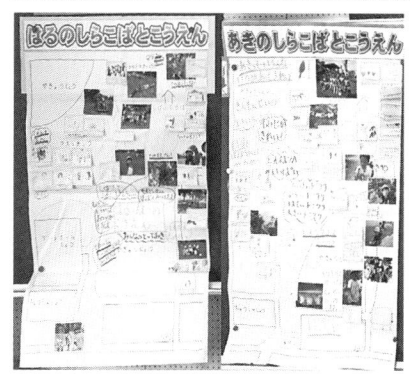

春と秋の公園絵地図の比較

■**育てたい資質・能力**
＊身近な環境（校庭や公園）に繰り返しかかわり働きかけていく力【対象へ働きかけ】
■**概念の形成**
＊身近な環境の自然と季節ごとにかかわることによる相違点や共通点への気付き【関連・循環】

同じ場所の絵地図による季節の比較

　本単元では、以下のような学習の意図をもって授業を構成した。
　子どもにとって**身近な環境（校庭や公園）を生かし、四季を通して、そこにある自然とかかわることで、四季の変化に気付かせたい**と考えた。そして、秋の自然物を使って、楽しい遊びを考えさせたい。その際、子どもの思いを大切にし、秋の自然物の特徴を生かした遊びを考えさせるようにしたいと考えた。
　具体的には、まず身近な校庭で秋探しをする。子どもたちは、春、夏、雨の日、虫取りなどでも校庭で活動をしている。春にも同じように散策しているので、四季の変化を感じさせるようにしたのである。
　また、校庭だけでなく、公園へ出かけ秋探しをする。その際には、見付けた秋の自然物を使って遊び、秋の自然にたっぷりと触れさせる。その体験から生まれる自然の不思議さ、面白さ、美しさに気付かせる。その気付きをとらえ価値付ける。そして、**学びの連続性を大切にし、秋の自然物を使った遊びにつなげる**のである。
　さらに、**体験を通した気付きを絵地図にして可視化**した。この絵地図は、**活動の写真や子どもの「見つけたよカード」をもとにそれらを教師が整理し作成**したものである。
　子どもは、この絵地図を見て、「（春は）芝生の色がみどりだったよ」「芝生の上でゴロゴロころがったのが楽しかったな」と春の様子を振り返り、「（秋は）芝生の色が違ったよ。でも芝生の上でゴロゴロ転がったときは、（春と同じで）ふかふかできもちよかったよ」と発言した。また、「もみじがいっぱいあったよ」と発言した子どもにつなげて、「そういえば春と葉っぱの色が変わってきたね」という発言につなげて、「秋っていろいろな色があってきれいだね」とつぶやいた。このように、**春にも同じように絵地図を作成し、秋の絵地図と比較できるようにすることで、子どもは春と比べることを意識し、春と秋の共通点や相違点に気付くことができた**のである。

STEP 3 アクティブ・ラーニングの展開例

ALモデル③ 第14時〜第21時
『時間、空間を意図的に設定する』

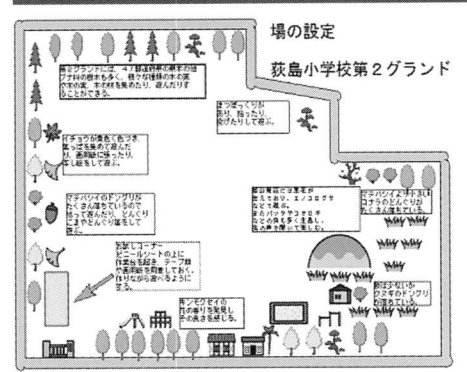

場の設定
荻島小学校第2グランド

■育てたい資質・能力
＊秋の自然とかかわり、遊びに使う物をつくる面白さ、自然の不思議さから、友達と楽しく遊び、それらを伝える力【コミュニケーション】

■概念の形成
＊友達とかかわることで、互いに生かした遊びをつくることができることへの気付き【創造・構築】

春と比較できる絵地図の活用

試行錯誤できる時間と空間を意図的に設定する

　繰り返し対象とかかわれる時間と空間を意図的に設定した。そして、**子どもの発達の段階を踏まえ、「見付ける」「つくる」「遊ぶ」が同時にできるようにし、友達と見付けた物や遊んだことを伝え合う場を意図的に設定**した。

　具体的には、校庭にビニールシートを敷き、その上に作業台を置き、材料を準備しておき、外で秋のものを見付けながら遊び、遊びながら見付ける授業を行った。また、子どもの活動時間を十分にとり、授業の最後には、秋探しや遊びを通して、楽しかったことや気付いたことを伝え合う「おしえてタイム」を設定し、繰り返し活動を外で行った。

　秋の自然物で遊ぶには、教師があれこれ言うのではなく、空間と時間を保障すれば、どんぐり一つでも削ったり、回したり、指で弾いたり、並べたりして様々に遊ぶことができる。また、どの子も自分の遊びに夢中になっている姿がうかがえた。子どもたちは、自分が遊びながらも周りを見ているので、おもしろそうだと感じるものがあれば、まねをして、一緒に遊び、遊びが広がっていった。

　自然の中で遊ぶことにより、子どもたちは見付けながら遊び、遊びながら見付け、そしてつくりながら遊んでいる。そこには、それぞれの思いや願いがあり能動的に活動している。だからこそ、多種多様な気付きがある。そして何より、様々な体験をしていくうちに遊びに没頭し、仲間とかかわりながら、試行錯誤してよりよいものを創り出そうとしているところに価値がある。

　体験が多いからこそ、対象への気付きが多くなり、やがて自分のお気に入りの場所ができ、友達に伝えたいものや思いなどが増え、愛着や自分自身の努力が見られるようになった。このように自分自身の興味や関心をもっていることへの気付きや集団の中の自分に気付く子どもが増えたのである。

Models for Active Learning

ALモデル④ 第27時
『ボトムアップで秋の概念を形成する』

■育てたい資質・能力
＊四季の変化、季節によって生活の様子が変わることについて自分なりに考える力【思考】
■概念の形成
＊体験や振り返りにより、共通点や相違点を見付けることなどの秋という季節の変化への気付き【創造・構築】

子どもが振り返りで秋を表現したカード

体験と振り返り（表現）から概念を形成する

　大人は、「秋と言えば、読書、運動、食欲」など秋についての概念をもっている。そのため、唐突に「秋って何だろう？」と尋ねられても何かしら答えることができる。しかし、この時期の子どもは、よほどの体験や経験がなければ秋についての概念は形成されていない。

　むしろこの時期の発達の段階から色々な秋について経験させ、たくさんの秋の共通点や相違点を見付け、ボトムアップで、秋についての概念をつくっていくことが大切である。**生活科ではこのような感覚や体験を積ませ、教師の働きかけによって、それぞれの概念をつくっていくことが大切**なのである。

　子どもの秋探しをした振り返りカードに、次のように書き表されていた。

　「今日はどんぐりを見つけに行ったけど、なかなか見つかりませんでした。けれど、ずっと探し続けて、やっといいどんぐりを見つけました。どんぐりは、2個もつながって、さらに棒までくっついていて、まるで弟となかよしになっているみたいでした。緑のところが少しもありませんでした。ほかの木を見ても、ほとんどありませんでした。私は、秋に一歩近づいたなぁーと思いました」。

　このカードには、まず、この子どもがこだわりをもって、自然とかかわっていることが前半の文章からわかる。子どもはただのどんぐりではなく、自分にとって価値のあるどんぐりを見付けていた。だからなかなか見付からなかったのである。そして、「緑のまるで弟となかよしみたいでした」と示すように、「たとえる」という思考をしている。さらに、ほかの木を見ても緑はなかったと客観的に比べている。だから、最後に秋に一歩近付いたというまとまりのある気付きに至った思考の過程がよくわかるカードであった。

　教師が体験を振り返ったり、カードに表現したりする機会を意図的に設定する。これにより、子どもはそれぞれの秋を見付けたことや感じたことの中から共通点や相違点を見付け、ボトムアップで、秋についてのそれぞれの概念をつくっていくのである。

STEP 4 子どもの姿から　　　　　［成果と課題］

秋を教えるのではなく、体全体を使って秋を感じさせる

　授業を通して子どもは、季節を身近に感じるようになってきた。季節ごとに様々な体験をしてきたからこそ、多種・多様な気付きが見られた。

　例えば、同じどんぐりでも色々な種類があり、大きさや形が違うことに気付いていた。毎日落ち葉や木の実を拾ってきた。「葉っぱの色が変わってきたよ」「落ち葉は、根本から色が変わるんだね」ということに気付いていた。

　また、「ずっと緑のはっぱもあるよ」などと比べて違いにも気付いていた。そして「夏とは違う色の葉っぱになり、落ち葉も増えた。だから秋なんだな」などのように文脈で表すようになり、気付きが関連付けられてきた。

　さらに、葉や実などの目に見えるものだけでなく、秋空を見上げ、涼しい風を肌で感じ、キンモクセイの甘い香りなど目に見えないものにも気付き、「きれいだな」「すてきだな」と感じるようになった。

　いつも同じ場所でどんぐりを削っている子どもがいた。その子どもに「どうしていつも同じ場所にいるの？」と尋ねると、「ここは、お日様が当たって気持ちいいの」と答えた。このように、体験が多いからこそ、対象への気付きが多くなり、やがて自分のお気に入りの場所ができ、友達に伝えたいものや思いなどが増え、場所やものへの愛着が生まれた。

お気に入りの場所でどんぐりを削っている

　子どもはよほどの体験や経験がなければ秋についての概念は形成されていない。だからこそ、この時期に色々な秋の経験をさせ、たくさんの秋の共通点や相違点を見付け、ボトムアップで、秋についてのそれぞれの概念をつくっていくことが大切であることを子どもから学んだ。

　生活科では、身近で魅力的な自然を生かし、このような感覚や体験を積ませ、教師の働きかけによって、それぞれの概念をつくっていくことが大切である。

それぞれの「すてきな秋」を見付けてくる子どもたち

生活 第2学年

[時間数] 全12時間

本単元の目標　身近にある物を使って動くおもちゃや遊ぶ場所をつくり、友達と競争したり、工夫を教え合ったりしながら、それらを改良することを通して、動くおもちゃの面白さや不思議さに気付き、みんなで遊びを楽しむことができるようにする。

動くおもちゃであそぼう

■ 本単元で育成すべき資質・能力

■思　考
本単元では、試行錯誤や繰り返す活動を設定することで、子どもが条件を変えて試したり、比べたりする力を育成する。

■自己理解・メタ認知
本単元では、おもちゃをつくったり遊んだりしたことを振り返ることで、自分自身の成長に気付く力を育成する。

■知識・理解、技能
本単元では、おもちゃを動かす動力源やおもちゃを変化することで、日常生活に必要な習慣や技能を身に付けられるようにする。

■ 本単元におけるアクティブ・ラーニングの概要

■実践の背景
本単元は、1年生のときのおもちゃづくりを振り返ることからスタートした。2年生になって、もう一度、動くおもちゃで遊びたいということから、本実践を設定した。本実践の「動くおもちゃ」とは、子どもとの話合いで手を離しても動くおもちゃということとした。遊ぶ場所を、ピロティーから校庭へ続くスロープ等がある広場を「動くおもちゃランド」と名付けた。ここはプールをつくったり、スロープで車を走らせたりして遊びの状況を変えていけるような学習環境である。また、身近にある物を使っておもちゃづくりができるように、教師も材料を用意し、家庭でも準備するように促した。

■知の創造に向けて
本単元では、【再生・変容】を重視し、「展開例」で示す学習活動を、思いや願いに沿ったおもちゃをつくったり、遊んだりする中で、問題解決のために友達と協同的に進めてきた。

■展開例

おもちゃの工夫 　　遊ぶ場所の工夫 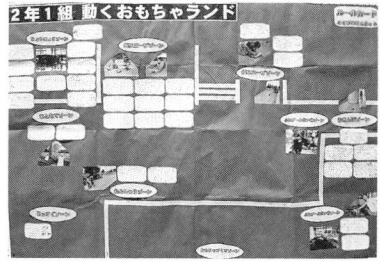　　おもちゃの動きを紹介

第1章　生活科アクティブ・ラーニング

STEP 1 単元の流れ

1 動くおもちゃであそぼう

> これで、動くようになるぞ

　1年生の単元「おもちゃであそぼう」を振り返り、動くおもちゃをつくって遊ぶことの思いや願いを膨らませていく。材料を準備したり、動くように工夫してつくったり遊んだりすることができるようにする。

2 動くおもちゃランドであそぼう

> ゴムの長さを変えたら
> もっと動くかな

　動くおもちゃで遊ぶ場所をスロープや階段、足洗い場等があるピロティーから校庭へつづく広場を「動くおもちゃランド」と名付けた。そこで動くおもちゃで遊んだり、つくり直したりできるようにする。

3 動くおもちゃをしょうかいしよう

> 友達のつくった動く仕組みを
> 真似てみよう

　動くおもちゃの面白さを友達に伝えたり、工夫してつくったことを家族に伝えることで、動くおもちゃのひみつについて気付くようにする。さらに、「2 動くおもちゃランドであそぼう」を繰り返すことで、友達の気付きを試し、気付きを広げるようにする。

[時間数] 全12時間

STEP 2 指導計画

【教育活動の展開】

1 動くおもちゃであそぼう

第1時　教師が制作した見本のおもちゃで遊んだり、見本のおもちゃをつくって遊んだりする。

第2時　自分でつくってみたいおもちゃの設計図をノートにかき、そのために必要な材料を考え、用意する。

第3・4時　動くおもちゃをつくったり、それで遊んだりする。

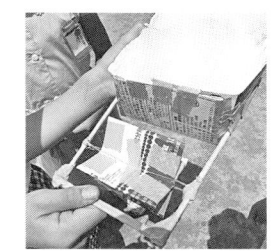

【指導の手立て】
スクリューが動く仕組み

2 動くおもちゃランドであそぼう

第5～9時　動くおもちゃランドの環境を生かして、自分がつくったおもちゃで遊んだり、つくり直したりする。
動くおもちゃランドで遊んだことを友達に紹介したり、カードに書いたりして、動く仕組みについて伝え合う。
どうしたら、もっと動くようになるのかを考えて、比べたり、試したりしながらつくり直す。

遊び方の変化

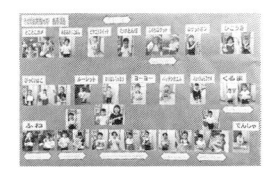

多様な学習活動を可視化

3 動くおもちゃをしょうかいしよう

第10時　動くおもちゃをつくったり遊んだりしたことを振り返り、遊びの面白さや工夫してつくったことをノートにまとめる。

第11時　動くおもちゃで遊ぶ面白さや工夫してつくったことを友達や家族に伝える。

第12時　友達や家族からのメッセージを読んで、動くおもちゃと自分とのかかわりについて振り返る。

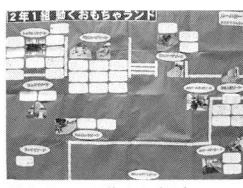

おもちゃの動きを紹介

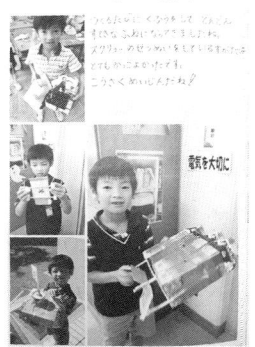

学習活動の振り返り

第1章　生活科アクティブ・ラーニング　055

STEP 3 アクティブ・ラーニングの展開例

ALモデル① 第3時・第4時
『繰り返し試したり、つくり直したりして遊ぶ』

■**育てたい資質・能力**
＊思いどおりに動くように繰り返し試したり、つくり直したりする力【思考】
■**概念形成**
＊ゴムの形状と動力源の動きによる動く仕組みへの気付き【関連・循環】

スクリューが動くようになったよ

思いどおりに試行錯誤できるような学習環境を設定する

　子どもはおもちゃを思いどおりに動かすために、教科書や見本のおもちゃを参考にスクリューをつくった。ゴムを巻くほど、スクリューが長い時間回ることや、ゴムの本数を増やすと勢いよく回ることがわかった。しかし、スクリューを支える割り箸が曲がってしまい、スクリューが壊れてしまうことになった。そこで、割り箸やスクリューをガムテープやホッチキスで補強してつくり直すことで、思いどおりに動くようになった。**試行錯誤しながら材料や道具が使える学習環境が活動を支えている**。教師も子どもも材料を用意し、すぐに使えるように置き場所を決めておくとよい。

　割り箸や木の棒とゴムで弓矢がつくっていた子どもは、ゴムを引く力が強ければ強いほど、矢を遠くに飛ばすことができることに気付いた。矢を遠くに飛ばしたいという思いから、弓の形や大きさを変えていくことになった。活動が進むごとに弓が大きくなり、子どもの体と同じくらいの大きさになった。そのときの矢の飛距離は23mになった。2年生の子どもは、ボールを投げてもそこまでは飛ばせないので、改めてゴムの力の面白さを味わうことができた。屋外の学習環境による遊びの状況がもたらした効果であろう。

すごく飛びそうだね

　遠くまで飛ばせる弓矢をつくって遊んでいた子どもも、雨の日には室内で遊ぶことになる。室内で飛ばせる距離は、10mほどである。力一杯に弓を引くと、矢が壁に穴を開けるほどの勢いでぶつかる。そこで、手加減をして遊ぶようになった。強さを加減すると遊びが変わる。今までは、できるだけ遠くに飛ばすことだけが目的だったが、ねらいを定めて飛ばすことになった。雨の日は、遊べないのではなく、遊ぶ状況が変化し、遊びが変わるきっかけにすることができた。

まっすぐ飛ばしたいね

Models for Active Learning

ALモデル② 第5時〜第9時
『学習課題を主体的に設定し、遊び場をつくり出す』

■育てたい資質・能力
＊動くおもちゃがより動くようにするために、遊ぶ状況を変化させて遊ぶ力【思考】

■概念形成
＊動くおもちゃをつくり直したり、遊びを工夫したりすることによる、遊ぶ状況と動くおもちゃの動きの変化への気付き【変容・再生】

車がうまくジャンプするかな

遊び場をつくり出す遊びの環境を設定する

　おもちゃランドには、スロープ、階段、壁、足洗い場、支柱など遊びの環境が多様にある。車のおもちゃをスロープで走らせていた子どもが「高いところから走らせれば、スピードがつくよ」などに気付いたので、右の写真のように長い板を使って遊んだ。予想どおりに速く走る車で存分に遊んだことで、「次はジャンプ台をつくろう」「途中でコースを外れずに、最後まで走ったらよいことにしよう」などと遊ぶ状況を変えたり、ルールを決めたりした。**おもちゃで遊ぶ学習環境によって、おもちゃをつくり直したり、遊びを変えたりすることが必要となり、主体的に学習していく。**

競走しようよ

　1年生のときに輪ゴムが動力の船をつくった子どもが、もっと広い場所で遊びたいということから、ペットボトルや紙パックを外壁にして、遊び場（プール）をつくることになった。そのままでは、水が漏れるので、池などに使用するゴムシートを内側に敷き、水をためることになった。子どもが「ペットボトルがたくさん必要だね」「他学年・学級に呼びかけよう」「それならポスターをつくろうよ」と活動を広げた。多くのペットボトルが集まることで、遊び場（プール）をつくるわくわく感がさらに高まった。この活動がきっかけとなり、プール以外にも坂道や的当て板をつくるなど、おもちゃづくりだけでなく、自分たちで遊び場をつくり出す面白さを味わったようである。

　遊び場（プール）は5mの長さになり、子どもは自分の船を動かすことを存分に楽しむことができた。さらに、船を5m進めるために動力源を改良する子どももいた。スクリューのゴムを強く変えたり、風の力を使うために帆を立てたりした。遊びの状況に応じて、おもちゃづくりを試行錯誤する姿が見られた。

うちわで扇いでも動くよ

第1章　生活科アクティブ・ラーニング　057

STEP 3 アクティブ・ラーニングの展開例

ALモデル③ 第7時
『遊びを振り返ることで、友達とのかかわりを深める』

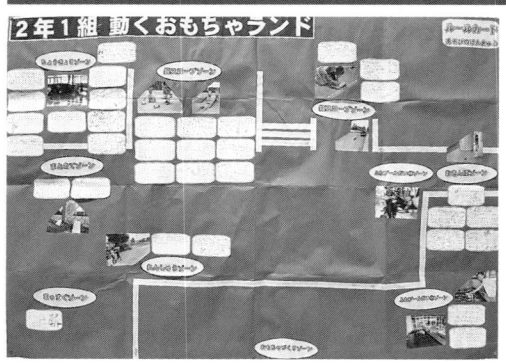

おもちゃの動きを紹介する掲示物

■育てたい資質・能力
＊おもちゃを動かす動力源やおもちゃを変化させることを通して、科学的な見方や考え方の基礎を理解し、材料や道具を使う力【知識・理解、技能】

■概念形成
＊自分や友達のおもちゃが動く様子を伝え合うことによる、動くおもちゃの仕組みへの気付き【多種・多様】

おもちゃの動きを振り返る掲示物を作成する

　子ども同士が動くおもちゃを伝え合える掲示物を作成した。おもちゃの変化や動きを比べることで、つくり方を工夫すると動きが変化することがわかった。また、友達から教えてもらったことを自分のおもちゃで試すことで、おもちゃが動く仕組みについて気付くことができた。**自分でつくって試して実感することで、科学的な見方や考え方の基礎が養われていく。また、つくり直すことで、身の回りの材料や道具を使う技能が身についていく。遊びやおもちゃと自分とのかかわりを振り返ることで、気付きの質を高めていく。**

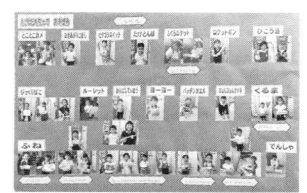

いろいろなおもちゃで遊んだね

　遊びの楽しさは、遊びのグループ内で共有される。それは、一緒につくったり、ルールを決めて遊んだりするからである。また、他グループの遊びにも興味・関心があり、流動的に遊び相手や遊ぶおもちゃが変わる。そしておもちゃをつくることや遊ぶことへの新たな発見は、他の友達にも伝えたい気持ちへとなっていく。その伝えたい気持ちを生かして、子どもと共に「動くおもちゃランド」の掲示物を作成した。掲示物によって自分の活動を振り返り、次の活動に生かそうとする姿が見られた。

　動くおもちゃで遊ぶ子どもは、自分のおもちゃを使って、どのように動くのかを試しながら遊んでいる。私は「できるだけ遠くに飛ばしてみよう」「速く動くにはどうしたらよいのだろう」などと、**子どもの思いや願いに沿わないような言葉かけをしないようにした。**なぜならば、**子どもは身近にある物の性質を無自覚的に気付いている**からである。例えば、ゴムの数が増えれば、強くスクリューを回すことや、矢も遠くに飛ばせることである。ゴムの数と強さだけに着目したおもちゃづくりより、子どもが何を目的におもちゃをつくっているのか、どのように遊びたいのかを寄り添って見取っていくことが教師に求められると思う。そのために、遊びの状況の変化を見逃さずに、それを意図的に設定することで、子どもが遊びを試行錯誤していくことができるのであろう。

Models for Active Learning

ALモデル4 第12時
『写真から自分の活動を振り返ることで気付きの質を高める』

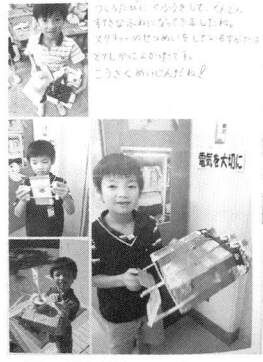

A児の振り返りノート

■育てたい資質・能力
*おもちゃをつくったり遊んだりしたことを振り返ることで、自分自身の成長に気付く力【自己理解・メタ認知】

■概念形成
*自分とおもちゃのかかわりを振り返ることによる、自己発揮した自分や自分のよさへの気付き【独自・尊重】

写真から自分の活動を振り返るノートを作成する

A児は、1年生の頃から工作が好きで、色々な物をつくるのが上手であった。家庭でも進んでおもちゃをつくるので、毎時間ごとにおもちゃが改良されていく。そのA児のおもちゃとノート記述、教師の見取りを次のようにまとめた。

＜最初のふね＞
つくるのが上手にできた。うれしかったけど、水に浮かばせてみたら、進まなかった。だからちょっと悲しかった。

物をつくるのが得意なようで、水に浮く材料を選び出し、3種類のふねをつくった。プラスチックトレー、牛乳パックは軽くて水に強い材料であることは知っていたが、セロハンテープは水に弱いことを知らなかったようで、遊んでいるうちに壊れる。

＜2番目のふね＞
ふねにスクリューを付けて、速くさせたいけど、残念ながら進みませんでした。

水に強い布ガムテープを使ってスクリューで動くふねをつくった。ふねのスクリューを大きくすると、速く動くと考え、牛乳パックを3つに並べた。その分、スクリューも大きくできたようである。

＜3番目のふね＞
大ふねをつくって、しかも牛乳パックを4パックも使って、スクリューを2個付けて、家でふねをうかばせたら、スクリューが動いて、ふねが動いてうれしかったです。

スクリューが大きくなると、速く動くことや、ダイナミックに動くことを期待して、牛乳パックを4つ、スクリューを2つにしたふねをつくった。ガムテープも、さらに水に強い物を選び出したようである。

STEP 4 子どもの姿から　　　　　　　　　　［成果と課題］

主体的に学習課題を設定する

　輪ゴムを飛ばすおもちゃづくりをして遊んでいたＢ児たちグループは、壁に輪ゴムを当てたり、ポールの隙間をまっすぐに飛んでいくようにしたり、遠くまで飛んでいくように改良したりしていた。

　このグループは、ゴムを引っ張れば引っ張るほど、ゴムが遠くに飛ぶことや、ゴムの力で的に当てたり倒したりする面白さを味わっていた。

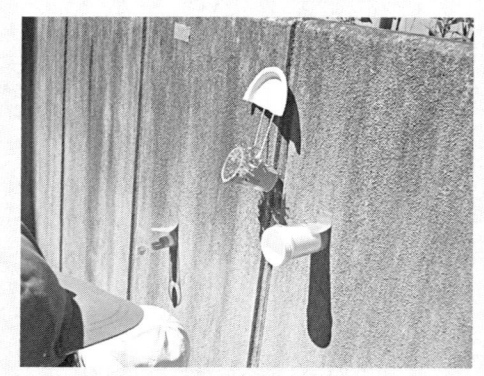

この的でみんなで遊ぼう

　Ｂ児以外の子どもは、自分のおもちゃを改良して遊んでいた。そこで、Ｂ児は友達と一緒により楽しく遊べるように、的当てゲームができるおもちゃをつくり出した。普段、友達とのかかわりがうまくいかないことが多いＢ児が、おもちゃづくりとその遊びを通して、友達と仲よく遊ぶきっかけをつくることができた。

協同的に学ぶよさを実感する

　Ｃ児はクラスで一番大きなおもちゃ（車）を作成した。おもちゃの装飾に興味・関心が高まり、たくさんの装飾を車に付けた。その分、４本のタイヤだけでは、動かなくなったため、タイヤを増やした。

　動くおもちゃランドで遊ぶようになると、坂道をうまく走るように試行錯誤するようになった。友達の車と比べたり、自分の車をつくり直したりした。

僕の車もうまくジャンプできるよ
見ていてね

　また、同じ遊びグループの友達が、車を重くすると坂道を動くことを発見して伝えたことで、Ｃ児はそれを試し、坂道を走る車をつくり直すことができた。Ｃ児と友達のかかわりが充実したことで、おもちゃが変わり、達成感をもって活動することができた。

生活 第2学年

[時間数] 全16時間（生活科15時間、図画工作科1時間）

本単元の目標 自分の成長には、家族をはじめ多くの人がかかわり、世話になってきたことに気付くと同時に、成長によっていろいろなことができるようになった自分に自信をもち、これからの生活に意欲をもつことができるようにする。

大きくなったわたしたち

■ 本単元で育成すべき資質・能力

■学習意欲
本単元では、資料集めや聞き取りを通して自分の成長に気付くことで学習意欲を育成する。

■思　考
本単元では、自分の小さい頃の様子や自分ができるようになったことを作品に表現することで、思考力を育成する。

■自己理解
本単元では、小さい頃の様子に比べ、身体的にも成長した自分に気付いて自信をもったり、家族をはじめ多くの人が自分の成長にかかわっていることに気付き、感謝の気持ちをもったりすることで自己理解力を育成する。

■ 本単元におけるアクティブ・ラーニングの概要

■実践の背景
２年生は、一人でできることが増え、心も体も大きく成長する時期である。しかし、日常の生活において、自分の成長を自覚したり、自分の成長を支えてくれた人の存在を意識したりすることは少ないのではないだろうか。

自分の成長に気付き、多くの人に感謝することができれば、さらにこれからの生活に意欲をもてるだろうと考え、本実践をスタートした。

■知の創造に向けて
自分の成長の「証」としての思い出の品である赤ちゃん時代の洋服や靴・手形などを入れるための「タイムマシーンボックス」をつくったり、思い出の品にまつわる「人」の取材やそのときのエピソードなどを一人一人「○○のアルバム」にまとめたり、妊婦体験、聞き取り調査や保護者によるゲストティーチャーの話を聞いたりする活動を通して概念化を図った【関連】【創造】【変容】。

■展開例

タイムマシーンボックス 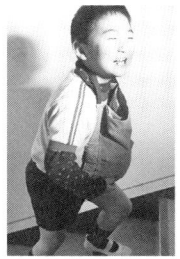　妊婦体験 　授業参観で母親と一緒に 　ゲストティーチャー

STEP 1 単元の流れ

1 タイムマシーンボックスをつくろう

> 私が赤ちゃんのときにお気に入りだったものを紹介します

赤ちゃんあてクイズ、妊婦体験、沐浴人形体験から生まれた頃の様子に興味をもつようにする。さらに赤ちゃんの頃の思い出の品を入れたタイムマシーンボックスを開くことで、生まれる前や生まれた頃の様子に関心をもち、その頃のことを調べてみたいという意欲をもたせる。

2 小さいころをしらべよう

> 家族に私が小さい頃のことをインタビューしよう

両親に自分の小さい頃の様子や出来事についてインタビューし、写真や文章でまとめて、アルバムを作成する。そのなかで、自分の精神的な成長と身体的な成長に気付き、支えてくれた人々に感謝の気持ちをもたせられるようにする。まとめたことの発表会を行い互いに認め合う。

3 振り返りをしよう

> たくさんの人のおかげで大きくなったことがわりました

自分の成長を振り返る活動を通して、楽しかったことや気付いたことなどを絵や文で表現しまとめさせる。そして、どのようなことを感じたのかを互いに伝え合う。いろいろなことができるようになった自分に自信をもち、これからの生活に意欲をもつことができるようにする。

[時間数] 全16時間（生活科15時間、図画工作科1時間）

STEP 2 指導計画

【教育活動の展開】

1 タイムマシーンボックスをつくろう

第1時　箱にきれいな飾り付けをして、タイムマシーンボックスをつくる。

第2時　赤ちゃんの頃の写真を写しだし、赤ちゃん当てクイズをする。

第3時　タイムマシーンボックスを開き、写真や実物を見たり、家の人から書いてもらったカードを読んだりして感じたことをカードにまとめる。

第4時　妊婦体験・沐浴人形体験をし、思ったことを話し合い、感想を書く。

2 小さいころをしらべよう

第5時　自分が小さい頃について調べる計画を立てる。

第6時〜第10時　計画に基づいて、小さい頃の様子について調べる。
・小さい頃のことをインタビューする。
・小さい頃のことをカードにまとめる。
・ゲストティーチャーの話を聞く。

第11時　発表のための準備をする。

第12時　タイムマシーン発表会を開く。

第13時　入学してから今までを振り返り、自分ができるようになったことを見付ける。

第14時　友達のよいところやできるようになったことを見付け、カードに書く。

第15時　自分の成長にかかわってくれた人に感謝の手紙を書く。

3 振り返りをしよう

第16時　小さい頃の様子について調べた活動を振り返り、自分の成長について調べて楽しかったことや気付いたこと、これからの自分について考えたことを振り返り、絵や文で書き、伝え合う。

【指導の手立て】

家族の宝物を入れるための宝箱の作成

調べたいという意欲付け

3kgの砂袋で妊婦体験

沐浴人形を抱いて母親体験

ゲストティーチャーを招く

第1章　生活科アクティブ・ラーニング　063

STEP 3 アクティブ・ラーニングの展開例

ALモデル① 第3時
『タイムマシーンボックスを開く』

成長に気付くことで湧き出てくる意欲

■育てたい資質・能力
＊タイムマシーンボックスを開くことで、生まれる前から生まれた頃の様子を知り、自分自身の成長に気付き、小さい頃のことを調べようとすること【学習意欲】

■概念の形成
＊今日の自分と生まれた頃の自分とでは大きく成長していることへの気付き【変容】

生まれた頃の自分との出会い

　第1時に段ボールに包装紙やリボンで飾り付けをして作成した自分の「タイムマシーンボックス」の中に、保護者の方に事前に赤ちゃん時代の洋服や靴、写真、愛用のおもちゃ、手形、足形などを入れてもらった。そのタイムマシーンボックスを開けるところからこの時間ははじまった。

　「わー、小さい手形」
　「このおもちゃ、なつかしい」
　「かわいい靴」
　「こんなにちっちゃい服をきていたんだね」
　「このスプーン、持ちやすい形になってるよ」

　箱を開けると、子どもたちは自分の小さい頃の思い出の品を大切そうに懐かしんだり、小さいサイズに驚いたりしていた。今の自分のサイズと比べてその成長に驚いていた。

　タイムマシーンボックスを開く前に、子どもたちには、保護者の方が大切にしまっていたものだから大切に扱うように伝えた。大事そうに箱から取り出し、友達に思い出の品を紹介し合う姿も自然と見られた。どの子どもも自然と笑顔になっていた。

　「なぜ、もう着られなくなった洋服や使わなくなったスプーンまで、しまってあったのかな」と子どもたちに投げかけると、「もう使わないけど、いつか見せてくれようと思ってしまってあったんだよ」「赤ちゃんの頃のことも忘れないようにしまってあったんだよ」「大切な思い出だからしまってあるって言ってたよ」など、大切にしていた保護者の気持ちを感じていた。

　「生まれたときは小さくて心配したんだって」「赤ちゃんのとき、なかなか泣き止まなくて大変だったんだって」など、赤ちゃんだった頃の話を自然とはじめる子どもが出てきた。そこで、「みんな、どんな赤ちゃんだったんだろうね」と投げかけると、「おうちの人に聞いてみたい！」と関心をもてたので、調べていくことにした。

Models for Active Learning

ALモデル② 第4時
『お母さんを体験』

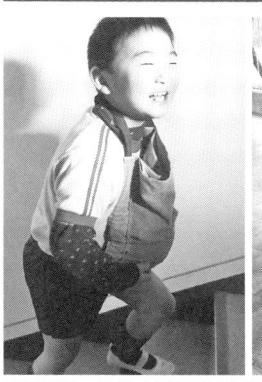

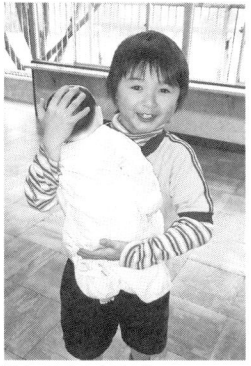

妊婦体験・沐浴人形体験で子どもの重さを実感

■育てたい資質・能力
＊妊婦体験や沐浴人形体験から、自分自身の小さい頃の様子や家族の思いや願いに興味をもち、調べようとすること【学習意欲】

■概念の形成
＊生まれる前から自分が大切に育てられてきたことへの気付き【関連】

家族の思いに気付く

　自分の成長や小さい頃のことに興味をもち出した子どもたちに、**市役所の母子健康保健課から借りてきた妊婦体験セットを使って妊婦体験**を行った。3kgの重さの袋をおなかにつけるのである。「赤ちゃんってこんなに重いんだね」「おなかで下が見えないよ」など大変そうだった。2人1組になり、階段を歩いてみたり、靴を履きかえてみたり、座ったり立ったりしてみたりと、いろいろな動きを体験する中で、「妊婦さんって大変だね」「こんなに大変だから、バスで席をゆずったりするんだね」「寝るのも重くって大変だね」「僕のお母さんもそうだったんだね」「約10か月もおなかにいたなんて不思議だな」「お母さんとずっと一緒だったんだね」など様々な視点から気付きが生まれていた。**2人1組で行ったことで、自然と手を取ったり、支えたりする優しい姿が見られた。**

　次に、**市役所の母子健康保健課で借りた沐浴人形を使って、赤ちゃんを抱っこしたり、服を着替えさせたりする体験**を行った。3kgある赤ちゃんを最初は軽々と抱っこしていた子どもたちだったが、すぐに、重くて腕が痛くなってきたようだ。「お母さんってずっと抱っこしていてすごいな」と感心して言った。さらに、「抱っこしていないとすぐに泣いてしまうから、ずっと抱っこしていたって、お母さん、言ってたよ」「お父さんもよく抱っこしてたらしいよ。でもお母さんのほうが泣き止むんだって」など家庭での会話の中にたくさん取り上げられるようになっていることがうかがえた。

　授業後の休み時間にも「抱っこしてもいいですか」と子どもたちが沐浴人形体験を行っていた。「お人形だけど、赤ちゃんかわいいね」「ずっと抱っこしていたいな」と言ってかわいがっていた。女の子だけでなく、男の子も同様であった。「お母さんも、お父さんも、お爺ちゃんも、お婆ちゃんもきっと僕のことがかわいかったんだろうな」「赤ちゃんの私に会ってみたいな」など自分の小さい頃の様子に関心をもったり、家族が自分を大切に思ってくれていたことに気付いたりすることができていた。**妊婦体験や沐浴人形体験といった体験をしたからこそ、気付いたことが多かった**様子である。

STEP 3 アクティブ・ラーニングの展開例

ALモデル③ 第6時～第10時
『インタビューでアルバムづくり』

親子でアルバムのページを作成することで成長を実感

■**育てたい資質・能力**
＊自分自身の成長に気付く力【自己理解】
＊自分の小さい頃の様子や自分ができるようになったことを表現する力【思考】

■**概念の形成**
＊インタビューしたことをもとに自分なりのアルバムを作成することを通して、自分がどのように成長してきたのかを知るといった自分の成長への気付き【変容】

自分の成長に驚く

　自分の計画に基づいて小さい頃の様子について調べ、発表会を行った。子ども自身、自分の成長についてはわからないことが多いので、両親に自分の成長についてインタビューし、そこから得た情報をもとに自分史を作成していった。その際、赤ちゃんの頃、歩きはじめた頃、保育所や幼稚園の頃、1年生に入学した頃、2年生に入学した頃の5つの時期を中心に1時間に1つの時期をまとめていった。

　体の大きさの変化や出来事、思い出の品、それにかかわる人、そのときのエピソードなどを写真や文章にまとめ自分自身の成長を振り返った。家でインタビューをして自分で書くメモ欄と、その時期の様子についておうちの方からのメッセージを書いてもらう欄をつくり、親子でつくるアルバムになるようにした。

　1時間の中で、①インタビューしてきたことを発表する、②ゲストティーチャーの話を聞くことで成長の様子をクラス全体でさらに共有する、③アルバムに丁寧にまとめるという時間を繰り返した。支えてくれた人々に感謝の気持ちをもたせられるように、毎時間アルバムをきちんと書き、自分の成長を感じられるように時間をかけた。

　「歩けるようになったら、出かけるとすぐに迷子になっていたらしいよ」「保育所のころは、いつもお姉ちゃんの後を追いかけていたらしいよ」など自分の知らなかったことがたくさん聞けることが楽しいと言って意欲的にインタビューしてきた。

　蛇腹に張り合わせた色画用紙を台紙にしてアルバムを作成した。5つの時期をまとめ終わったら、発表会を行った。友達に一番伝えたい時期を選び、自分の思いがより伝わる方法で発表していった。その際には、具体物を見せたり写真を見せたりしながら紹介した。そのほかのページには、小学校に入学してからできるようになったことを振り返って書いたり、生まれた頃の体重や身長と今の体重や身長を比べて書いたりした。最後に子どもたちには秘密で保護者の方から手紙をいただき、最後のページに貼った。それを読んで返事を書き、アルバムは完成した。

Models for Active Learning

ALモデル4 第6時〜第10時
『ゲストティーチャー』

■育てたい資質・能力
＊ゲストティーチャーの話を聞き、自分の成長と家族の思いに気付く力【自己理解】
＊家族への感謝の気持ちをもったり、それを表現したりする力【思考】

■概念の形成
＊自分の成長には多くの人がかかわっていることへの気付き【関連】

母親の想いを直接聞くことで実感

高まる感謝の気持ち

　赤ちゃんの頃、歩きはじめた頃、保育所や幼稚園の頃、1年生に入学した頃、2年生に入学した頃の5つの時期ごとにインタビューしてきたことをまとめていったが、その中で、毎時間、1、2名の保護者にゲストティーチャーとして来てもらった。自分の子どもの成長を中心に、どの時期にどんな様子なのかを教えてもらった。

　手紙2枚分くらいに、歩きはじめた頃の様子とそのころのお母さんの気持ちや周りの人たちの気持ちなどをエピソードを交えた文章を読んでもらった。子どもたちはじっと耳を澄まして、その手紙の内容に耳を傾けていた。当時の様子を思い出し、手紙を読むうちに涙がこぼれる母親も多かった。

　「高熱が出てかわいそうなときは、代わってあげたかったよ」「大変なことがあっても、この子のためにがんばろうと思ったよ」「立ったり話したり、一つ一つの成長がうれしくてしょうがなかったよ」「もっともっと成長していくのが楽しみです」「お母さんのところに生まれてきてくれてありがとう」など、どの方の話からも深い愛情が伝わってきた。子どもたちの感想には「○○さんのお母さんの話を聞いて、きっと私のお母さんもあんな気持だったと思った」「お母さんの話を聞けてうれしかった」「お母さんがもっと好きになった」とあった。妊婦体験や沐浴人形体験、インタビューなど体験があるから、より大切に思ってくれている人たちの気持ちがよくわかったようだ。

　手紙を読んでもらった後、今度は子どもたちの質問に答えてもらった。「赤ちゃんはどんなものを食べるのですか」「まだしゃべれない時期にどうして食べたいとか風邪とかわかるのですか」などインタビューしてきたことから、さらに疑問に思ったことや知りたいことをゲストティーチャーに聞いていた。**ゲストティーチャーを呼ぶことで、家の方にインタビューができなかった子どもも疑問や知りたいことを聞くことができた。**また、ゲストティーチャーの話を聞くことで、誰にも大切に思ってくれている家族がいることに気付き、互いを大切にしようという気持ちも感じられた。

STEP 4 子どもの姿から　　［成果と課題］

自分自身の成長に気付く

　生まれる前からこれまでの8年間を振り返り、アルバムを作成したことで、自分の成長には家族をはじめ多くの人がかかわり、いろいろな人に世話になってきたことに気付くことができた。学習の振り返りでは、「赤ちゃんの頃からみたら、ずいぶんできることが増えたことがわかった」「今では簡単にできる着替えや歩くことや食べることも、小さい頃は難しかったから家族に手伝ってもらっていたことがわかった」「体もずいぶん大きくなったことがわかった」「できることがもっと増えるようにがんばりたい」という感想が出た。成長によっていろいろなことができるようになった自分に自信をもち、これからの生活に意欲をもつ様子がうかがえた。

成長のアルバム

調べたことを表現する力

　調べたことをアルバムにまとめていく活動を通して、時系列にあわせてまとめたり、印象的なエピソードを取り上げてまとめたり、絵や写真を効果的に使ったりしてわかりやすくまとめることができた。また、実際に小さい頃に使っていたものなどを見せながらみんなに発表したり、感じたり考えたことを混ぜて発表したりすることも、回を重ねるごとにできるようになった。

家族の宝物

家族への感謝の気持ち

　子どもの成長過程や環境はさまざまなので、十分に配慮しながら授業を進める必要がある。

　「僕が生まれた頃のことがわかったり、小さい頃の話を家族にインタビューしたりすることが楽しかった」「お母さんはいつも私のことを一番に考えてくれていることがわかった」「みんな家族に大事にしてもらってきたことがわかった」「僕も家族を大切にしていこうと思った」「たくさんお手伝いをして家族を喜ばせたい」など家族に大切にされてきたことを感じるとともに、これからは自分も家族の一員として役に立ちたいという思いを感じることができた。家族に向けて最後に書いた手紙では、どの子どもも感謝の気持ちを表すことができていた。授業の時間の枠を超えて、家族のつながりを生むことができた。

家族とのつながり

第2章

総合的な学習の時間 アクティブ・ラーニング

生活・総合アクティブ・ラーニング

総合 第3学年

[時間数] 全70時間

本単元の目標　戸部のまちの人に喜んでもらえるお弁当を考え、商品化してもらう活動を通して、お弁当屋さんの知恵や技、食にかかわる様々な知識についての理解を深め、地域の魅力を見つめなおすことができる。

街弁さんと「えなちゃちゃべんとう」

■本単元で育成すべき資質・能力

■学習意欲
本単元では、総合的な学習の時間で大切にしたいことを自分たちの思い・願いをもとに整理し、その視点に沿って追究の対象について話し合い判断する。

■思　考
本単元では、自分たちで設定した課題について、試食や調理等の体験的な活動を通して情報を収集し、よさや問題点、疑問等を整理し、新たな課題を明確にする。

■コミュニケーション
本単元では、地域の人やお弁当屋さんへのインタビュー等の活動を通して情報を収集し、新たな価値を見いだしたり、課題や疑問を解決したりする。

■本単元におけるアクティブ・ラーニングの概要

■実践の背景
３年生になって、はじめて総合的な学習の時間に取り組む子どもたちに、地域には魅力的なひと・もの・ことがたくさんあること、それらに主体的に働きかけていくことで、素敵な変化が起こり得ることを感じ取ってほしいと考えた。

そこで、まち探検を通して子どもが着目した「街弁」というお弁当屋さんを取り上げて、単元を立ち上げた。

■知の創造に向けて
本単元では、【創造・構築】【独自・尊重】を重視した。単元名にある「えなちゃちゃ」とは学級目標であり、「笑顔・仲よし・ちゃんと・チャレンジ」という４つの言葉の頭文字からなっている。本単元においても「まちの人が笑顔になる・食べた人同士の会話がはずみ、仲よしになる・ちゃんと栄養や彩りを考える・自分たちのオリジナル弁当にチャレンジする」という思いで活動に取り組んだ。

■展開例

まち探検による対象探し 　　試食による情報収集 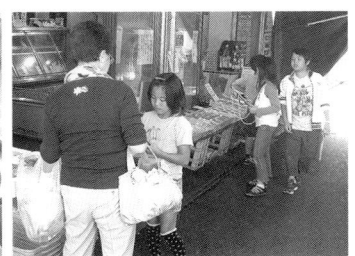　　視点をもったインタビュー調査

STEP 1 単元の流れ

1 つかむ

「街弁」というお弁当屋さんがある
なんで「街」なんだろう？

総合で大切にしたいことを整理し、その視点に沿ってまち探検で見付けた興味・関心事について話し合う。そこで着目した街弁さんについて、インタビューや試食を通して情報を収集し、「自分たちも『街』の人に喜んでもらえるお弁当をつくりたい」という思いもつ。

2 追究する

まちの人に喜んでもらえるのは、どんなお弁当だろう？

まちの人に喜んでもらえるお弁当の中身について考える。その過程で街弁さんが弁当づくりで大切にしていることを考えながら、まちの人の意見を聞いたり、実際に調理・試食に取り組んだりして情報を収集し、よさや問題点を明らかにしながら自分たちのアイディアを見直す。

3 広げる

自分たちの考えたお弁当を、たくさんの人に届けたい

自分たちの考えた弁当を街弁さんに商品化してもらうに当たり、多くの人に実際に味わってもらうために、自分たちが考えた弁当の魅力やどんな思いで活動に取り組んできたかを伝える情報発信の仕方を考え、PRする。

STEP 2 指導計画

①課題の設定　②情報の収集　③整理・分析　④まとめ・表現　[時間数] 全70時間

			【教育活動の展開】	【指導の手立て】
1 つかむ	①③	第1・2時	これまでに総合について見聞きした経験や生活科の学習を振り返り、どんな総合にしていきたいかを考える。	
	②③	第3～9時	まち探検を行い、自分たちの発見や疑問を話し合い、追究したいことを明らかにする。	まち探検による学習対象の選定
	①③④	第10～14時	街弁さんについて疑問に思ったことを整理し、インタビューを行うとともに、試食の活動を計画する。	
	②③	第15時	街弁さんのお弁当を試食し、その魅力について共有する。	
	①③	第16時	「自分たちの考えたメニューでまちの人によろこんでもらう」という活動の目的をつかむ。	
2 追究する	②④ ①③	第17～22時	まちの人に喜んでもらえるようなお弁当のメニューを、これまでの生活経験や、街弁さんに相談しながら考える。	実物の試食・観察による情報収集
	②③④	第23時	まちの人に喜んでもらうために、「戸部のまち」をお弁当に表現するという課題をつかむ。	
	②④	第24～27時	まちの人にインタビューを行い、お弁当でどんな戸部のまちのよさを表現していくかを考える。	
	③④	第28～38時	表現したい戸部のまちのよさをどのようにメニューとして再現していくか、アイディアを出し合い、試作・試食を行う。	インタビューカードによる視点の明確化
	③④	第39・40時	お弁当として販売するために考えなければならないことについて街弁さんにアイディアを提案しながら考える。	
		第41～55時	街弁さんからのアドバイスや試作・試食を通して収集した情報をもとに、お弁当のメニューを判断する。	
3 広げる	①③④	第56～67時	多くの人に自分たちのお弁当を味わってもらい、喜んでもらうためにPRの方法・内容を考えて、紹介VTR、リーフレット、歌の3つの方法で表現する。	試作・試食の繰り返しによる情報収集
	②③	第68～70時	食べてくれた人のアンケートをもとに、1年間の活動を振り返る。	

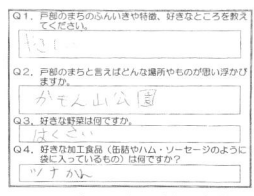

STEP 3 アクティブラーニングの展開例

ＡＬモデル① 第1時～第9時
『視点にそって、自分たちで学習対象を選定する』

■**育てたい資質・能力**
＊自分たちの経験をもとに、総合的な学習の時間で目指したいことを設定し、その視点に沿って学習対象を選定すること【学習意欲】

■**概念の形成**
＊自分たちの住む地域には、追究の価値がありそうな魅力的な人・もの・ことがあふれているということ【多種・多様】

まち探検による学習対象の選定

どんな総合にしていきたいか、総合でどんなことを追究したいかを考える

　総合にはじめて取り組む子どもたちが、主体的に活動を展開するために、自分たちで学びの対象を選定し、学習活動の目的を設定させたいと考えた。そこで、まずは、総合とはどんな学習かを、これまでに見聞きした先輩たちの総合や生活科の学習を振り返りながら話し合った。すると、①クラスのみんなでやる、②やりたいことを話し合って本気でチャレンジする、③いろんな力を付ける、④いろんなことを知ったり感じたりする、という４点に整理された。そしてそのような総合を実現していくために、どんなことに取り組んでみたいかを話し合った。しかし、はじめての総合ということもあり、なかなか納得のいくアイディアは出なかった。そこで、実際にまちに出て、何か面白そうなことはないかを探してみることになり、まち探検を行った。

　すると、「こんな道の細いところに、消防車の基地がある（実際は消防団倉庫）」「グリーンカーテンをやっている家があった。自分もやってみたい」「名前のわからない、謎のお弁当屋さんがある」と、多様な発見や疑問があがった。

　一人一人の気付きをすべて話合いの俎上にのせてしまうと、話題が広がるだけ広がって、収拾がつかなくなると予想されたので、まずは、**各自が発見したことの中で特に興味・関心のあることを、理由を付けながらランキング形式のワークシートで整理**することにした。ワークシートは、まずは、自由に興味・関心事の順位を付けられるように、左側にカードサイズの付箋を貼り付けられるようにした。そして、右側には、自分なりに確定させた順位について、その理由を記入できるようにした。

　それをもとに**学級全体で話し合ったことを板書でウェビングの形で整理**していった。その後、**話合いを通して、特に気になったこと、追究してみたいと感じたことはどれか、黒板にネームマグネットを貼って各自の意見を可視化**した。そうして学級の興味・関心が集中していることを明らかにしていったところ、子どもたちが一番興味・関心をもったのが「街弁」というお弁当屋さんであった。

ALモデル② 第15時
『試食を通して、対象の魅力を探る』

実物の試食・観察による情報収集

■育てたい資質・能力
＊試食を通して、自分たちがかかわろうとしている街弁さんのお弁当の魅力について明らかにする力【思考】

■概念の形成
＊街弁さんのお弁当には、様々な知恵や工夫がつまっているということ【独自・尊重】

街弁さんの魅力について、試食を通して情報収集し、整理する

　インタビュー活動を通して、彩り、栄養バランス等、様々なことを考えていることを知った子どもたちは、実際にどんなお弁当になっているかを知りたいと考えるようになった。そこで、**体験的な情報収集をもとに、その魅力を感じてほしいと考え、街弁さんのお弁当を実際に試食**する調査をしようと計画を立てた。

　試食に向けて明らかにしたいことを整理したところ、①彩り、②栄養バランス、③量、④カロリーなどの視点があがった。事前に試食当日のメニューを確認し、設定した視点について調べるに当たって、一番子どもにとって情報を収集しやすいお弁当は何かを相談した。その結果、子どもたちのグループ数分八宝菜弁当を注文することにした。

　試食する1時間の授業がはじまり、各グループに一つずつのお弁当を配っていった。子どもたちからは大きな歓声が上がっていた。しかし、すぐに箸を伸ばす子どもの姿はなく、まずはじっくりとお弁当を観察しようとする姿が見られた。

　どんな食材が使われているか、彩りは何色かを調べ、学習カードに記録していった。観察が終わると次は重さを計りはじめた。そして、ようやくお弁当の蓋を開けたかと思うと、お弁当を回しながら一人一人匂いを嗅いでいった。そうして食べる前に行うべき調査をひととおり終えたところで「いただきます」となった。子どもたちは一口一口味わいながら気付いたことをメモしていった。

　試食活動を通して、街弁さんのお弁当には黄色、緑、オレンジ、赤、茶色、白等、多様な彩り見られ、見た目にも楽しめること、肉や野菜、卵など、多様な食材が使われていて栄養のバランスを考えていること、量にばらつきがないことなどを確認することができた。さらに、味付けについては「自分はピーマンが苦手だけど、甘くてとても食べやすかった」「食べる人のことを考えた味になっている」「街弁さんの看板やのれんには野菜の絵がかいてあるけど、本当に野菜がたくさんでヘルシーだと思った」と、街弁さんが大切にしている考え方にせまることができた。

STEP 3 アクティブラーニングの展開例

ALモデル③ 第24時～第27時
『視点を明確にしてインタビューを行う』

インタビューによる視点の明確化

■**育てたい資質・能力**
＊まちの人に喜んでもらえるお弁当を作るために必要な情報を整理し、インタビューによって情報を収集する力【コミュニケーション】

■**概念の形成**
＊お弁当のメニューを考えていくためには、様々な視点や条件があるということ【創造・構築】
＊地域には、温かく自分たちの活動を支えてくれる方がたくさんいるということ【独自・尊重】

まちの人に喜んでもらえるお弁当について、視点に沿ってインタビューを行う

　子どもたちは、**お弁当のメニューづくりに当たって、地域や学校の友達を対象にアンケート調査を行った**。質問事項は①「どんなおかずがお弁当に合うか（味・食材・調理方法）」、②「お弁当の定番のおかずといえば、何か」、③「お弁当を選ぶときに気を付けていることは何か」という3項目である。その**結果を棒グラフに整理して可視化**した。

　子どもたちは街弁さんのお弁当容器の原寸大のワークシートに、様々な料理を描き、よさと問題点を整理していった。すると、「茶色ばかりで彩りがよくない」「いろいろ入れすぎてごちゃごちゃしている」といった問題点があがった。中でも一番問題となったのは「オリジナリティがない」ということであった。そこで、街弁さんにアドバイスを求めた。街弁さんからは「どんなお弁当にしたいのか、『テーマ』（="〇〇弁当"の〇〇の部分）を考えることが大事」というアドバイスをもらった。また、街弁さんのお弁当は5種類の副菜と1種類の主菜でできていることなど、具体的に考えるためのヒントも得られた。

　テーマについて考えた子どもたちは「街弁さんと同じように、地域の人に喜んでもらえるお弁当をつくりたい」という思いをもった。そして、「地域の人が楽しみながら食べられるように、地域のよさをお弁当で表現しよう」と考えがまとまっていった。

　そこで**まちの人に「戸部のまちのよさ」についてインタビューを行った**。インタビューからは、開園100周年を迎える公園やその公園から臨むことのできる横浜のシンボルであるランドマークタワー、古くからある神社などの具体的な「もの」や、「にぎやか・元気・やさしい」などの「人」についての情報が集まった。それらの情報をもとに、**黒板で「戸部のまちのよさ」を中心にしてウェビングで意見を整理**した。すると、「人のやさしさ」から派生して、「『がんばってね』って言ってくれた」「忙しいのにインタビューに答えてくれた」と、インタビューに対する答えそのものだけでなく、自身の経験をもとにした発言が続き、戸部のまちのよさについて考えを深めていくことができた。

Models for Active Learning

ALモデル④ 第41時〜第55時
『試作・試食等の体験的な活動を通して情報収集する』

■育てたい資質・能力
＊試作・試食を繰り返しながらつくり方や味について情報収集し、お弁当としてよりよいメニューはどのようなものかを明らかにしながらアイディアを整理する力【思考】

■概念の形成
＊普段の食事は、いろいろな方の工夫や努力でつくられているということ【関連・循環】
＊街弁さんの、仕事に対する知恵や技の奥深さ【独自・尊重】

試作・試食の繰り返しによる情報収集

より「戸部のまちらしさ」が表れていて、お弁当としてふさわしい副菜を考える

　地域の人へのインタビュー結果をもとに、子どもたちは副菜のメニューづくりに取り組んだ。「まちのよさ」というお弁当のテーマ（表したい対象）は見えてきたが、それをどうやったら一つの料理にできるのか。そのような中、「ぼくたちは3の1だから、さんのいち、さんのいっち…サンドイッチ弁当がいい！」と発言した子どもの発想に着目し、サンド状のおかずを考えることにした。「何かを何かではさむ」という制約が生まれることで、食材を考えやすくなると考えたのである。そして、家庭科室で実際に調理が可能なように、加工食品と野菜から食材を選び、アイディアをまとめることにした。

　まずは一人一人が表したい街のよさを選び、それに基づいて食材や形を考え、レシピをまとめた。それをもとに、「より戸部のまちのよさが出ているものはどれか」という視点をもって小グループでアイディアを整理・統合し、学級全体で3つのアイディアに絞っていった。そうして絞られたアイディアについて、保護者の協力も得ながら調理・試食を行った。

　そこで気付いたことについてよさと問題点の視点で話し合い、その結果とレシピに対する街弁さんの感想を聞くことにした。すると、「お弁当はたくさんつくるから形で細かいものを表現することは難しい」「食材がタンパク質に偏っているから、チーズを野菜に変えたほうがよい」等、子どもたちが気付かなかった新たな視点からアドバイスをもらうことができた。そのアドバイスを踏まえて2回目の調理・試食を行った。

　子どもたちは、「お弁当に入れるのだから、汁がこぼれるものは向いていない」「形を簡単にしたら、ランドマークタワーっぽくなくなった」「形じゃなくて、食感で人の優しさを表している、はんぺんのおかずがよい」と、「お弁当のおかず」ということを強く意識してよりよいメニューを選択していくことができた。その後、そのメニューを入り口に、味や調理方法、彩りなどが重ならないようにしながら、表したい対象を意識してメニューを考えていった。

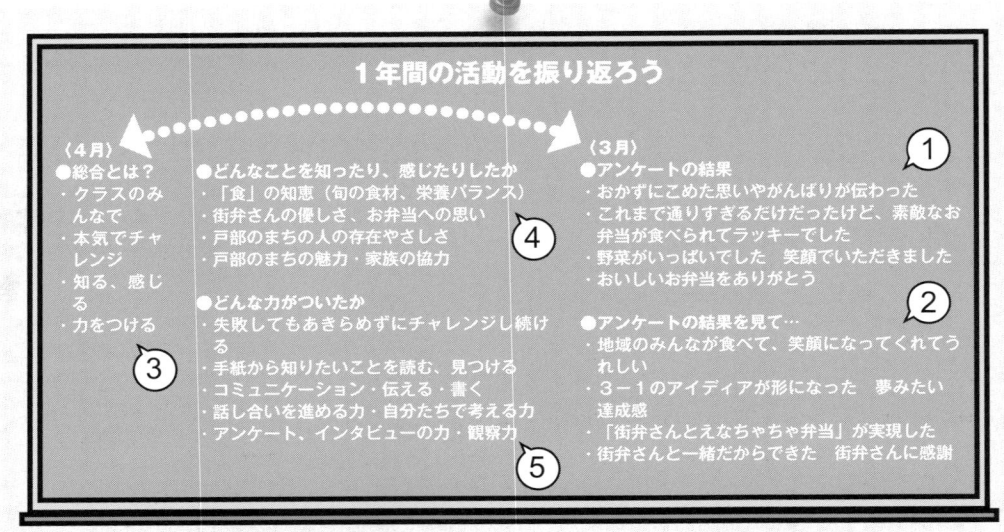

STEP 4 子どもの姿から　　［成果と課題］

1年間の活動を振り返ろう

〈4月〉
- ●総合とは？
  ・クラスのみんなで
  ・本気でチャレンジ
  ・知る、感じる
  ・力をつける

- ●どんなことを知ったり、感じたりしたか
  ・「食」の知恵（旬の食材、栄養バランス）
  ・街弁さんの優しさ、お弁当への思い
  ・戸部のまちの人の存在やさしさ
  ・戸部のまちの魅力・家族の協力

- ●どんな力がついたか
  ・失敗してもあきらめずにチャレンジし続ける
  ・手紙から知りたいことを読む、見つける
  ・コミュニケーション・伝える・書く
  ・話し合いを進める力・自分たちで考える力
  ・アンケート、インタビューの力・観察力

〈3月〉
- ●アンケートの結果
  ・おかずにこめた思いやがんばりが伝わった
  ・これまで通りすぎるだけだったけど、素敵なお弁当が食べられてラッキーでした
  ・野菜がいっぱいでした　笑顔でいただきました
  ・おいしいお弁当をありがとう

- ●アンケートの結果を見て…
  ・地域のみんなが食べて、笑顔になってくれてうれしい
  ・3－1のアイディアが形になった　夢みたい　達成感
  ・「街弁さんとえなちゃちゃ弁当」が実現した
  ・街弁さんと一緒だからできた　街弁さんに感謝

単元の最後の1時間の授業の板書

●子どもの姿（単元最後の1時間の授業から）

　商品化されたお弁当と一緒に配布したアンケートの回答を読んだ子どもたちは、「おかずにこめた思いが伝わった」等の多くの肯定的な意見に気付いた。① その感想について話し合うと、「地域の人が笑顔になってくれてうれしい」「街弁さんと一緒だからできた。感謝の気持ちでいっぱい」という発言が続いた。右の写真は販売されたお弁当に添付されていたシールであるが、それを見た子どもたちは「『街弁さんとえなちゃちゃべんとう』が実現した」と、追究の成果が形になったことの喜びを感じていた。② 以上の内容を黒板の右側に整理した後、黒板の左側に4月に考えた「どんな総合にしていきたいと考えていたのか」を板書した。③

お弁当の商品シール

　「夢が実現するまでに、どんなことを知り、感じ、どんな力を付けてきたのか」を振り返ると、「旬や栄養など、街弁さんが考えていることがわかった」「戸部のまちのよいところがわかった。まちの人は優しかった」等の意見が上がった。④ さらに「手紙やアンケート結果をしっかり読んで、考えることができた」「失敗しても、あきらめないでやり直す力が付いた」等の発言が続いた。⑤

　活動のスタートとゴールを対比して整理することで、その過程で身に付けた力を振り返ることができた。その力をその後の学習や生活で活用できるものにするためにも、具体的な活動の流れから取り出し、自覚できるような支援が必要であると感じた。

総合 第3学年

[時間数] 全25時間

本単元の目標　「地域の土産物になる手ぬぐいをつくる」という目的意識をもち、デザインを考えることで、手ぬぐいそのものの模様の面白さや、専門家の思いに触れるとともに、地域の特徴や、わたしたちのまちに対する人々の思いに気付く。

まちのおみやげ手ぬぐいをつくろう

■本単元で育成すべき能力

■知識・理解、技能
手ぬぐいの製品化に向けて、他地域の手ぬぐいデザインを分類することで、手ぬぐいのデザインが有する特徴や、そのデザインが表している物事を理解する。

■思考
自分たちの住む地域に合う手ぬぐいのデザインについてアイデアをもち、地域の人や友達の意見をふまえて、整理したり分析したりしながらデザインをよりよいものにしていく。

■コミュニケーション
手ぬぐいのデザインについて、クラスの仲間に対して考えを発信したり、友達のアイデアを聞いたりして、考えを深めていくことができる。また、地域や専門家の方の意見を聞いたりして、自分たちの方針を決めることができる。

■本単元におけるアクティブ・ラーニングの概要

■実践の背景
子どもたちは、手ぬぐいの用途やデザインについての調査活動に取り組み、大岡のまちには「おみやげ手ぬぐい」がないことに気付いた。そこで「大岡のまちの土産品になる手ぬぐいをデザインし商品化しよう」という単元を設定した。

■知の創造に向けて
本単元では、【創造・構築】【連携・協力】を重視し、「本物の手ぬぐい」の商品開発を子どもたちの目標として取り組んだ。

桜が有名な地域の特色を生かし、「桜を見に来た人に、お土産に買ってもらえるもの」という夢を抱いたことで、手ぬぐいのデザインが、子どもにとって意味のある課題となった。このような「切実な課題」を大切にし、その解決のために主体的に活動に取り組めるようにした。また、手ぬぐいそのものや、地域、保護者、専門家の方々とのかかわりの中で学ぶことを大切にしてきた。

■展開例

いろいろなまちのお土産手ぬぐいのデザインを分析する

地域の方々への取材活動「どれがおみやげの手ぬぐいとしてふさわしい？」

企業の方々を招いての開発会議

実際に販売する活動を通して、改善点を見付けていく

STEP 1 単元の流れ

1 つかむ

> お土産の手ぬぐいには、どんなデザインがあるんだろう

夏休みの子どもの自由研究をきっかけに、「お土産手ぬぐい」に子どもたちの意識が向かった。夏休みに、いろいろな場所で出合った手ぬぐいや、調べた手ぬぐいのデザインを整理分析した。

2 追究する

> いろいろなデザインを考えてみたけれど、一体どれがいいんだろう

地域の方にフリップボードで取材をしたり、実際に手ぬぐいづくりに携わっている企業の方を招いての会議を複数回行ったりしていった。クラスとして大切にしたいことを見いだすことで、デザインを絞り込み決定した。

3 広げる

> 手ぬぐいができたよ
> たくさん販売したいね

自分たちがデザインした手ぬぐいが、工場から届いた。実物を手にして、「これをたくさんの人に使ってもらいたい」と夢を抱いた。この願いが原動力となって、いろいろな人に買ってもらうにはどうしたらよいかを考え、行動していくことになった。

STEP 2 指導計画

①課題の設定　②情報の収集　③整理・分析　④まとめ・表現　　[時間数] 全25時間

		【教育活動の展開】	【指導の手立て】
1 つかむ	① 第1時	お土産で買ってもらうにはどうしたらよいか。問題解決までの構想を立てる。	
	②③ 第2・3時	実際に、お土産品になっている手ぬぐいを集め、KJ法的な分析方法を用いて、どんなデザインが多いかを考える。	各地のデザインを分類
	④ 第4・5時	「大岡のまちに桜を見に来た人に、お土産に買ってもらう」という目的に合わせて、デザイン案を考える。	
	④ 第6時	意見を出し合い、デザインをいくつかにしぼったり、直したりする。	
	②③ 第7・8時	地域の方や専門家の方に、フリップボードでデザインを見せ、意見をもらう。	
2 追究する	④ 第9時	意見をもとに話し合いデザインを追究する。	
	③ 第10・11時	専門家や地域の方々に再度アドバイスをもらい、結果を整理する。	人気度調査
	④ 第12・13時	デザインを決定する。	
	① 第14・15時	完成した手ぬぐいを見て感想を話し合い、値段や売り方など、商店街で販売する方法を追究する計画を立てる。	
	② 第16時	商店街の方に計画を提案し、承諾を得る。	
	② 第17時	自分たちの販売コーナーでの、販売の工夫を考えシミュレーションをする。	
	③ 第18時	挨拶の仕方や、お金の受け取り方、商品説明の仕方、宣伝の仕方を整理する。	
	② 第19時	商店街の方々、実際のお客さんとのやり取りから、「販売」について情報を集める。	専門家を招いた会議
	③④ 第20時	販売の際の役割を分担し、自分にとって大事だと思うことを選び、準備を行う。	
3 広げる	④ 第21時	試しの販売活動を短い時間で行い、振り返りを行う。	
	①②④ 第21時	1回目の試しの販売活動でよかったことと課題を見付け、次の販売活動への見通しをもつ。	
	②③ 第22時	実際に販売で使うセットを教室に用意して、検討する。	
	③④ 第23～25時	2回目の試しの販売活動を行い、振り返りを行う。本番の販売活動を行い、振り返りをする。	販売活動

第2章　総合的な学習の時間アクティブ・ラーニング

STEP 3 アクティブ・ラーニングの展開例

ALモデル① 第2時・第3時
『カードを分類しながら、特徴をとらえる』

各地のデザインを分類

■育てたい資質・能力
＊多様な情報を整理することで、分類してとらえ直す力【知識・理解、技能】

■概念の形成
＊日本の各地で売られているお土産手ぬぐいのデザインが、その地域の歴史的な特色や、代表的な建築物、一定のパターンを繰り返した模様などが多くあることを理解できるということ【独自・尊重】

多様な手ぬぐいデザインの整理・分析

　夏休み前までの活動で、子どもたちは、手ぬぐいの使い方を追究した。夏休み明けには、「旅行に行くときに、サービスエリアでお土産の手ぬぐいがたくさん売られていたよ」と話をする子どもや、「大岡のまちには人がたくさん来るのに、お土産手ぬぐいはないね」と話す子どもがいた。「自分たちでつくれたらいいのに」という思いから活動に取り組むことになった。

　そこで、インターネットで調べたり、お土産として実際に買った手ぬぐいを集め、どのようなデザインになっているのかを考えることになった。その結果、手ぬぐいのデザインは、①城や橋など、そのまちの歴史に関係する建物を描いたもの、②そのまちの風景を描いたもの、③まちの特産品やマスコットをモチーフに、同じ模様を繰り返したもの、④そのまちでつくったものを描いたもの、⑤直接お店の宣伝となってあるものなどが多いことをとらえることができた。

　子どもたちは、この活動に、「大岡のまちだったら、どのようなデザインが描けるのか」という問題意識をもって取り組むことができていた。そのため、この時間の活動を生かして、再度まちを見つめ、「手ぬぐいのデザインにできそうなまちのこと」を考える活動につながっていった。

　個々の使ったカードは、直接写真を貼ったり、写し取って描いたりする枠があり、そこにデザインを説明する文を書けるようにしてある。そのため、ただカードを分類するだけでなく、そこに描かれたものについてよく考えたり、地図帳と照らし合わせたりするような子どもたちの様子が見られた。

　また、その後国語の学習と関連させて、その結果を一人一人が「報告書」にまとめる（文章化する）活動を行ったことで、調査から分析・報告までを一連の流れでとらえられるようになり、その後もいろいろな場面でこの分析結果を覚えていて、学習発表会などで自信をもって伝える姿があった。

Models for Active Learning

ALモデル② 第7時・第8時
『フリップボードを使ったインタビュー活動と結果の可視化』

■育てたい資質・能力
＊地域の方々からの意見を踏まえて、決定していく力や、目的に応じた資料の分類・整理の仕方や棒グラフや表の表し方を考え活用する力【思考】
■概念の形成
＊地域の方々が、まちのいろいろな場所に対して愛着をもっていることをとらえることができるということ【連携・協力】

人気度調査（地域でのインタビュー）

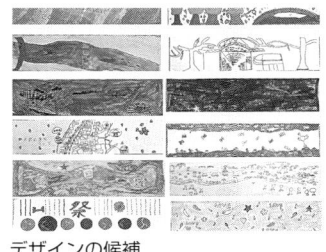

デザインの候補

地域の方々の声を集めた商品開発を目指す

「地域のお土産手ぬぐいとして販売するのだから、地域の人にも気に入ってもらえるものがいいな」という子どもの考えから、最終的に絞られた案について、地域の方々にインタビューを行った。地域の方々から「とても面白いことをやっているね」と興味をもってもらえたことで、子どもたちの意欲は、目に見えて高まっていった。

インタビューでは「風景を描いたデザインは、まちのいいところが伝わると思う」「ものに巻いて使ったりするのには、パターン柄がきれい」「昔このまちも、染め物が盛んだったんだよ。工場排水で大岡川が赤いときもあったんだ。今はきれいになったから、この川のデザインがいいな」など、地域の歴史やデザインと使い道を関連させた意見を聞くことができた。

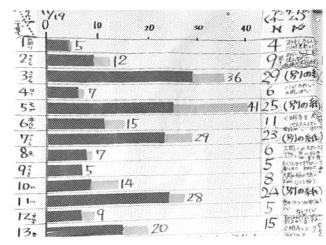

また、**結果は算数の学習と関連させて、棒グラフに表した**。すると、実はかなり差がついていることや、地域の人たちの意見だけの場合と、自分たちの意見を合わせた場合の結果が少し変わることなどを子どもたちはとらえていった。**知りたかった情報であり、自力で集めたものだからこそ、グラフ化したときのわかりやすさや便利さを、子どもたちは実感を伴って理解することができた**。グラフ化する

人気度をグラフ化

前には、自分の意見にこだわっていた子どもも、グラフで比較することにより、「地域の方からの声としては、地図のデザインが面白いという意見が多くあるから、生かしてはどうか」「夜桜や桜吹雪をイメージしたパターン柄の手ぬぐいをきれいと言ってくれた方が多い」と冷静に判断することにつながった。その結果、最終的にデザインを4つまで絞り込むことができた。

STEP 3 アクティブ・ラーニングの展開例

ALモデル③ 第10時・第11時
『専門家を招いた話合い活動』

第1回目のゆめ大岡会議

■育てたい資質・能力
＊自分から進んで企業の方々にかかわり、手ぬぐいのデザインを提案する中で改善点を見いだすことができる力【コミュニケーション】

■概念の形成
＊実社会で商品開発をしている人たちが、よりよい商品づくりを目指していることを知り、各部門で大切にしている考えや働いている人の思いがあることに気付くということ【創造・構築】【連携・協力】

ゆめ大岡会議（商品開発会議）で専門家の方々とともによりよいものを目指す

　子どもたちは、自分たちの商品開発をサポートしてくれる、ある企業の方々と数回にわたり商品開発会議を重ねてきた。また、実際に販売店に話を聞いて、様々な手ぬぐいのデザインを楽しんだり、販売の工夫を見付けたりしていた。

　地域でのアンケート結果も踏まえて、子どもたちとしては4つのアイデアに絞り込んでいた。そこで、この会議では、4つのデザインを一つに絞ることを目的とした。

　企業からは社長さんが一人で学校に来てくれた。地域で大切にしてきた「横浜捺染」を受け継ぎながらも、「和を生かしていること」「細かい模様が生きること」「港町らしく、新しい物を取り入れた斬新なものであること」を大切していると話してくれた。そして、子どもたちの迷っていたデザインを見て「どれもいいね」と一言。どの絵も、手ぬぐいになったときに、まちのことを十分に表現できるということだった。

　その後、「マップは、大岡のまちにしかないデザイン」「地域の人も『面白いアイデア』と言ってくれている」「マップなら、今までに選ばれなかったみんなの絵を生かすことができるし、細かい模様が得意という横浜捺染のよさも生かせる」という発言が子どもから生まれ、地図のデザインでいくことが決まった。アンケート結果から斬新さが受け入れられていることを読み取るとともに、**マップにすれば、絞り込みをかける過程でふるいにかけられた多くの仲間の思いや、アイディアの原案を生かすことができるのではないかという意見が決め手となった。**

　原案のマップの吹き出しに「大岡小学校の中庭が好き」「たくさんのものが売られている商店街が好き」と、自分たちの思いを書き入れて原案を完成させていった。

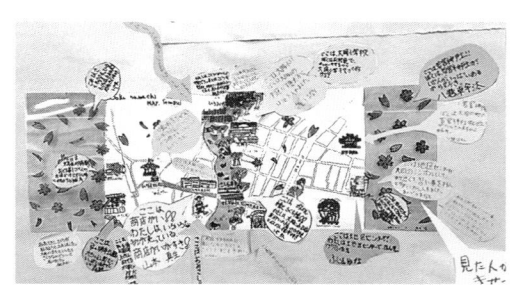

デザイン原案

Models for Active Learning

ALモデル4 第21時
『実社会の中での体験から学ぶ』

販売活動

■育てたい資質・能力
＊イメージで物事を進めるのではなく、実際に体験した事実から、今できること、まだ難しいことなどを正確に把握する力【思考】

■概念の形成
＊手ぬぐいの販売方法やPRの仕方を、自分たちの使える場を踏まえて改善していくことができ、販売する難しさに気付くということ【創造・構築】

実際に販売したからこそ抱いた実感をもとに考える

　商品が出来上がると、実際に販売を目指した活動に入っていった。事前の計画では、実際におみやげ手ぬぐいとして販売するのは、3月の桜の花見が盛んな時期がよいということになっていた。しかし、実物を手にした子どもたちは、「これをどうやったら販売できるのだろう」という問題意識をもった。そこで、地域の商店街で30枚ほどを試しに販売することになった。

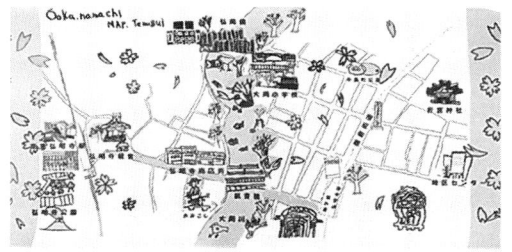

商品化した手ぬぐい

　はじめての販売活動に、子どもたちはたいへん戸惑った様子だった。その後の振り返りでは、「『ここで売っています』ということをわかってもらうのは難しい」「買ってくれた人もいたけれど、お金を受け取りながら『ありがとうございます』を言うのは大変」「それに加えて、おつりまであると、頭がぐちゃぐちゃになる」とたくさんの気付きが出された。さらに話し合うと、「自分たちは商店街の人のようにはできないから、おつりを渡す人、商品を渡す人など、役割を分けよう」というアイデアが出され、教室内でセットをつくり、売る練習を行うようになった。また、お釣りを入れておくための箱を用意したり、商品に説明書や帯を付けたりするなどの工夫も、試しの販売活動以来、子どもたちが本気で行うようになった。

　この販売活動は、テーブル一つというスペースに限り商店街の中央に置いてよいという条件のもとに行った。はじめは、商品の並べ方や、お金を受け取る場所など、「『物』をどうするか」ということに注目が集まっていた。しかし、実際に販売する活動を行ったり、そのセットを教室に持ち込んだりすることで、**物よりも「自分たちがどこに立つか」「どんなあいさつをするか」が大切であるなど、より相手とのコミュニケーションを大切にするための視点に焦点化**が図られていった。

STEP 4 子どもの姿から　　　[成果と課題]

　右の写真は、3月末の桜の時期に、学校の正門前で販売活動をした様子である。子どもたちは、自信をもってお客さんとやり取りをし、200枚近くの手ぬぐいの販売を2日間、計2時間で終了させてしまった。試しの販売活動ではぎこちなかった子どもたちも、お客さんからの質問にハキハキと答えるようになっていった。お客さんから

学校の正門前で販売活動した様子

の質問で多かったのは、「この手ぬぐいはみんなが考えたの？」というものだった。その質問に対しても、「わたしたちが、大岡のまちのいいところを集めて地図の手ぬぐいにしました」「使い方はこの説明書に書いてあります」「ぜひ使ってください」「最初に洗うときには、色落ちするかもしれません。わたしが実験したときには、それほど落ちませんでしたが、気を付けてください」など、1年間の手ぬぐいとのかかわりをもとに言葉を選び、説明する様子が見られた。

●A児の姿から

　「試しに販売したのが、とてもよかったと思う。だって、あのとき、販売しているのに、僕たちの方が仲間割れしていたから。買ってくれたお客さんが『ありがとう』って言ってくれているのに、こっちが言えなかった。今は言えるようになってよかった」。A児は特に、「学び方」に着目する子どもだった。試しの販売活動を提案したり、次の時間にすべきことを提案したりすることができていた。その子どもが、1年間の活動のまとめになって、学び方を振り返り、自分たちで選んだ学び方が、自分たちの成長に結び付いていたことを振り返っていた発言だった。このように満足して学習を終えられたのは、手ぬぐいを手にとってくれたお客さんのほとんどから、「とっても面白いことをしているね」「かわいい手ぬぐいだね」と声がかけられたことが大きく影響していると考えている。

●B児の姿から

　試作品が届いたとき、B児はきれいに畳まれた手ぬぐいを広げることができなかった。普通の手ぬぐいと違い、手ぬぐいのデザインの中にある大岡小学校が中心に来るように畳まれていた。「3年1組のみんなのことを考えた企業の方がやってくれたんだよ」と伝えた担任の言葉を聞いて、B児は「同じようにたためなくなるかもしれない」と広げられずにいたのだった。4月には、「変な布」と言っていた子どももいた中で、それを大切に思い、それをつくるためにかかわっている多くの人に思いをはせる子どもの育ちは、この単元の大きな成果だった。

総合 第5学年

[時間数] 全25時間

本単元の目標：高円寺阿波踊りを支える人々とのかかわりを通して、それを支える人々の思いや願いや高円寺阿波踊りのよさ、課題などに気づき、地域への愛着を高めることができる。

再発見！自分たちの高円寺阿波踊り

■本単元で育成すべき資質・能力

■思考
本単元では、高円寺阿波踊りについて、既知の情報や、新たな外部情報を組み合わせたり、つなぎ合わせたりする中で、分類したり、関連付けたり、比較したりして考える。

■対象への働きかけ
本単元では、実際に町へ出て意見を聞いたり、高円寺阿波踊り振興協会に自分たちの提案を行ったりして、その提案が実現するように、人・もの・ことに積極的にかかわっていく。

■コミュニケーション
本単元では、課題解決に向けて、クラスの友達や高円寺の人々等とかかわり、自分の意見を適切に表現したり、相手の意見を聞いたりする。

■本単元におけるアクティブ・ラーニングの概要

■実践の背景
東京高円寺阿波踊りの地元に住む子どもたちは、実はこの踊りがあまり好きではない。そればかりか、なくなってほしいと願う子さえいる。

そんな実態を受けて、高円寺阿波踊りにかかわる人々に触れて、この地域のよさや素晴らしさを感じ、よりいっそう、地域への愛着を高めてほしいと願い、この単元を立ち上げた。

■知の創造に向けて
本単元では【多種・多様】【連携・協力】を重視した。まず、高円寺阿波踊りについて自分たちのイメージするものを共有化した。高円寺阿波踊りにかかわる人たちの多種・多様な考え方に触れ、自分たちに危機感や切実感が生まれてきた。やがて町の様々な立場の人たちから自ら情報を得て、友達と協同的に分析し、最後は自分たちの提案で高円寺阿波踊りの抱える問題の解決を図っていった。

■展開例

フリップボードを使って意識調査 　　ワールドカフェの手法で情報を共有化 　　自分たちの意見をプレゼンテーション

STEP 1 単元の流れ

1 つかむ

> どうして、デメリットの多い高円寺阿波踊りを毎年行うのかな？

高円寺阿波踊りのイメージマップをつくり、よさや課題についてメリット・デメリットシートを使って話し合う。子どもの素朴な疑問の解決のためゲストティーチャーを招聘し、高円寺阿波踊りの抱える課題や歴史、そこに込められた人々の思いや願いに気付けるようにする。

2 追究する

> 何ができるかわからないけど、このままではいけない気がする

ゲストティーチャーからの手紙から、何ができるか、何をすべきかを話し合い、高円寺阿波踊りへの提案をしていくことを決める。そのために街頭インタビューを行ったり、関係者から話を聞いたりして一人一人が自分の考える提案を様々な方法で、画用紙一枚にまとめ、交流する。

3 広げる

> 5年1組として、どんな取組を提案すべきか、みんなで話し合おう

高円寺阿波踊り振興協会への提案を話し合う中で、自分たちがボランティアを行うべきであると気付く。そこで、提案文を作成し、振興協会にプレゼンテーションする。こうして自分たちの取組を了承してもらった。単元の最後には、自分の成長を作文にまとめた。

STEP 2 指導計画

①課題の設定 ②情報の収集 ③整理・分析 ④まとめ・表現　　[時間数] 全 25 時間

		【教育活動の展開】		【指導の手立て】
1 つかむ	①	第1時	生活経験などをもとにして、高円寺阿波踊りのイメージマップを書く。	
	②③	第2時	高円寺阿波踊りのメリットとデメリットを考え、友達と話し合ってまとめる。	メリット・デメリットシートの活用
	④	第3時	各班の発表を行い、クラスとしての高円寺阿波踊りのよさと課題をとらえる。	
	①	第4時	班ごとの発表を通して、クラスとしての阿波踊りのよさと課題をまとめ、課題意識をもつ。	
	②	第5時	GTへの質問から、自分たちの知らなかった高円寺阿波踊りの実態を知り、ゲストの思いや願いを感じる。	
	③	第6時	GTからの情報を整理し、その思いや願いを考える。	
2 追究する	④	第7時	GTからの情報を整理し、その思いや願いを話し合う。	フリップボード
	④	第8時	GTの思いや願いを受けた手紙を書く。今までの学習を振り返る。	
	①	第9時	GTからの手紙をもとに学習課題を見いだす。	
	①	第10時	各班ごとに活動の目的を話し合い、課題を設定する。	
	①	第11時	各班ごとに、学習課題を立て、課題の解決への見通しをもつ。	
	②	第12・13時	自分たちの計画に沿って、めあてをもって活動する。	
	②	第14・15時	街頭インタビューを行ったり、GTを呼んだりして情報を集める。	ワールドカフェの方法で情報を共有化
3 広げる	③	第16・17時	集めた情報をそれぞれに合った形で整理・分析してまとめていく。	
	④	第18・19時	各班の発表を行い、それぞれの情報や提案を知り、考える。	
	①	第20時	クラス全体で、今後の学習について話し合う。	
	②	第21時	今までの学習をもとに必要な情報を探し出す。	
	③	第22時	プレゼンのリハーサル	プレゼンテーション
	④	第23時	振興協会へのプレゼン	
	①②	第24時	ポートフォリオを読み直す。	
	③④	第25時	単元全体を振り返り、自分の成長を作文で発表する。	

第2章　総合的な学習の時間アクティブ・ラーニング

STEP 3 アクティブ・ラーニングの展開例

ALモデル① 第2時
『メリット・デメリットを話し合う』

■育てたい資質・能力
＊一方的な見方や考え方ではなく、両極双方の考え方をすることにより、物事を多面的に見る力【思考】

■概念の形成
＊高円寺阿波踊りの正の部分と負の部分をきちんと区別してとらえるようになり、高円寺阿波踊りの抱える課題を見いだすということ【多種・多様】

メリット・デメリットシートの活用

自分たちの経験から高円寺阿波踊りの特徴をつかむ

　戦後からはじまった高円寺阿波踊りは、60年近い歴史をもつ。今では2日間で延べ100万人もの人出がある夏の風物詩にもなっている。しかし、その地元に住む子どもたちにとって、この阿波踊りはけっして好ましいものではなかったのである。

　学習の冒頭に、高円寺阿波踊りについて、**自分たちの今までの経験などから高円寺阿波踊りのイメージマップを書いた。すると子どもたちは、高円寺阿波踊りがプラスのイメージとマイナスのイメージの双方をもつことに気付いた。**そこで、メリット・デメリットシートを使って高円寺阿波踊りをとらえなおすことにした。

　青い付箋にプラスイメージの事柄を書き、赤い付箋にはマイナスイメージの事柄を書いた。主なプラスイメージの事柄は、○たくさんの人が集まる、○たくさんの連（阿波踊りを踊るグループ）があり、にぎやか等といった事柄が多く見られた。

　一方、主なマイナスのイメージの事柄は、●ごみがたくさん出る、●酔っ払いが多く、町が汚れる、●交通渋滞が多い等といったものが多かった。一枚の付箋には一つの事柄を書くこととし、一人につき、3～8枚程度の付箋を書き上げたあたりで、3～4人の班で話合いを行い、高円寺阿波踊りのイメージを共有化し、とらえなおしていった。

　シートはA3縦で、右側にメリット、左側にデメリットを貼れるように中央に線を引いてある。そこに、自分が思うメリットやデメリットの事柄を説明しながら、貼り付けていく。貼り付けたことについて、同意見や、反対意見、関係することなどを説明しながらほかの友達も貼り付けていく。貼り付け終わった後には、それぞれのメリット・デメリットの項目について、ランキングを付けていった。

　高円寺阿波踊りのもっともメリット・デメリットになると自分たちが考える項目をより上位に据えることで、高円寺阿波踊りについてイメージを共有化し、とらえなおすという課題を解決していった。

Models for Active Learning

ALモデル② 第14時・第15時
『フリップボードを使って意識調査』

フリップボードの活用

■育てたい資質・能力
＊相手の立場や状況を考え、町の人に自分からかかわり、自分たちのことを適切に表現したり、情報を得たりする力【コミュニケーション】

■概念の形成
＊高円寺阿波踊りは、たくさんの人にとって大切な存在であるということ【独自・尊重】
＊高円寺阿波踊りの抱える問題について、町の人たちは危機感を感じていないということ【多種・多様】

町の人の高円寺阿波踊りに対する思いを調べる

　ゲストティーチャーからの手紙を読み、自分たちでできることを探しはじめた子どもたちは、自分たちで高円寺阿波踊り振興協会に提案しようと考えた。「高円寺の町の印象をよくして、もっと有名にしよう」というテーマのもと、調査対象別に調査活動をはじめた。町の人グループは、高円寺の町の人たちは阿波踊りについてどんな認識をもっているのかを調べた。

　調査方法には、フリップボードを使った街頭インタビューを採用した。町の人と直接触れ合い、話しながら、数値的な情報も得られるという利点を説明すると、「ぜひやってみたい」という声が上がった。

　調査項目は、町を行き交う人たちに話しかけ、時間をとってもらうことから、あまり時間をかけられないことや、みんなで統一した質問しないと後で集計できないことなどを考えて、話し合っていった。

　フリップボードは、図工室から画板を借り画用紙で作成した。画用紙には、シールを貼っていってもらえるように枠をとり、細かい情報については、メモを取ることにした。

　実際に町へ出て、商店街や、駅の改札口付近で街頭インタビューをはじめた。二人一組になり声をかけていくが、はじめはタイミングがなかなか取れずに尻込みする子どもたちが多かった。中には断る人も当然おり、心が折れそうになる子どももいた。

　しかし、徐々に子どもたちも積極的に町の人たちへ声をかけられるようになっていった。また、声をかけて説明を繰り返す中で、自分たちが今やろうとしていることは何かを、客観的に説明することもできるようになっていった。結局、約１時間で、延べ100人以上の人から、情報を得ることができた。

　この調査から、高円寺の町の人たちは、高円寺阿波踊りをとても大切なものであると認識しているが、阿波踊りが抱える問題については、ほとんど知らないか、知っていても一面にすぎないことがわかってきた。

STEP 3 アクティブ・ラーニングの展開例

ALモデル③ 第16時・第17時
『ワールドカフェの方法で情報を共有化』

■育てたい資質・能力
＊既習の方法を適切に使って情報を整理・分析し、友達との交流を通して、自分の考えを変容させたり、より確かにしたりする力【思考】

■概念の形成
＊高円寺阿波踊りの課題解決に向けて、友達との交流を通して、新たな在り方や他の方法もあると気付くということ【創造・構築】

ワールドカフェの活用

友達と話し合って、自分で考える高円寺阿波踊りに対する提案を固める

　子どもたちは、街頭インタビューやゲストティーチャーからの情報収集、アンケート調査などを経て、それぞれの対象から必要な情報を収集した。この情報を自分なりに整理・分析し、クラスのみんなに伝えることにした。

　東京都の様々な地域の小学5・6年生を対象に、高円寺の阿波踊りの知名度をアンケート調査した子どもは、グラフと地図を用いて、アンケート結果を集計することにした。集計には、3年生で学習した「正」の字を使い、表をつくってからグラフを書きはじめた。グラフを書く際には、自ら方眼紙を求め、百分率を帯グラフで表した。

　また、東京都の白地図を求め、高円寺を中心に、コンパスで同心円をいくつか描いて、高円寺からの距離と知名度との関係を地図に表した。結果は、たとえ近場であっても、自分たちが思っていたほどの知名度はなく、このことから、もっと知名度を上げる必要性を感じ、広報活動を行う提案をまとめ上げた。

　一人一人が自分の提案をまとめ上げたところで、教師から「どうする？」と投げかけると、「ぐるぐる方式で見て回るといいよ」と声が上がった。ぐるぐる方式とは、いわゆるワールドカフェの方法である。子どもたちはこの方法をほかの学習で既習しており、この場面ではワールドカフェを活用するのがふさわしいと考えたのである。

　そこで、各グループから、ホスト・ゲスト役に分かれて、ホスト役は自分たちの提案を説明し、ゲスト役はその説明を聞いて回った。説明を聞く側も、質問をしたり、意見を言ったりして、カフェで雑談をしているような和やかさの中で時間が過ぎていった。

　ある程度話が終わると、お礼を言ってゲスト役は他のホスト役のテーブルを探して歩き、空いているところを見付けると座って話をはじめる。時間を見計らってゲスト役とホスト役を入れ替えて、自分の考えをより深化させたり、強化させたり、より視野の広い視点で考え直したりしていった。

Models for Active Learning

ALモデル4 第22時
『プレゼンテーションで自分たちの提案を訴える』

自分たちの意見をプレゼンテーション

■育てたい資質・能力
＊自分から阿波踊り振興協会の人たちにかかわり、新たな提案を発信するなどして社会参画していく力【対象への働きかけ】

■概念の形成
＊実社会で行動するということは、様々な人々の許可や協力のもとで、責任をもって行われることを知るということ【連携・協力】

振興協会の人たちに高円寺阿波踊りに対する提案を伝える

　クラス全体での話合いを経て、「高円寺の町の印象をよくしてもっと有名にする」ための提案をまとめ上げた子どもたちは、国語の学習と関連させながら、いよいよ高円寺阿波踊り振興協会の人たちと校長にプレゼンテーションを行うことになった。

　自分たちがごみ袋を配ったり、パンフレットに広告を出したり、ポスターを描いたりしてごみの持ち帰り運動をおこす、見ている人も自由に参加できるようにする流し踊りの復活、自分たちがごみ拾いなどのボランティア・スタッフを行う、自分たちが高円寺阿波踊りのよさなどをビデオに収録し、チームごとに分かれて、あまり知られていない町へ広報するといった「提案」をプレゼンしていく。

　今までに調べ上げてきた情報をいかに効果的に使うかを考え、プレゼンの準備を行った。まず、自分たちの提案を告げ、その理由と効果を説明し、最後に、自分たちの熱意を語った。しかし、本当に町に出て子どもたちが実践することに対して、大人たちはすぐには賛成しない。「安全面はどうするのですか？」「責任はとれるのですか？」「物資や予算はあるのですか？」そんな質問に対して、子どもたちは今までの調査結果などを根拠にしながら、何とか実現できるように説明を加えていく。

　「ごみ袋は児童会に依頼して、全校で集めてもらいます」「町の人たちは、高円寺阿波踊りに誇りをもっていますが、ごみの問題については、あまり気付いていないんです」。そこには、自分たちの町を自分たちの手で何とかしていきたいという能動的な態度にあふれていた。また、厳しい質問にたじろぐ場面では、他のメンバーから助け舟が出るなど、協同する姿も見られた。

　すでに、学習前のような、高円寺阿波踊りに対する否定的な態度は微塵もなく、自分たちの町を何とかしてよりよくしたいという、主体的な生活者としての姿が見て取れた。結果、すべての提案が通ることはかなわなかったが、多くの提案が了承され、振興協会と協力して実践していくことになった。

STEP 4 子どもの姿から　　［成果と課題］

　単元の前と後で、同様のアンケートを取り、子どもの変容を見取る一つの資料とした。

　阿波踊りをやってみたい（続けたい）というアンケートでは、単元前、肯定的回答が39％であったが、単元後は73％に上昇している。また、これからも阿波踊りが続いてほしいかという問いには、絶対に続いてほしいと回答した子どもが18ポイントの上昇、続かなくてもよいと回答した子どもは0％となっている。このような回答結果からも、高円寺阿波踊りに対する子どもの変容が見て取れる。

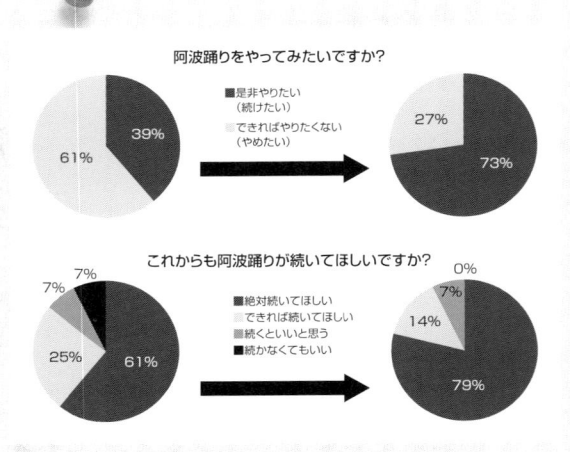

東京高円寺阿波踊りに対する子どもの変容

● A児の姿から

　A児「私は、今のままでは、『高円寺阿波踊り』とは言えないと思います。だって、『高円寺』って名前がついているけれど、高円寺の人たちがあまり参加していないし、自分たちの町の踊りではなくなってきているからです。だから、私たちが、もう一度、自分たちの町の阿波踊りになるようにしなくてはいけないのだと思います」と発言した。まさに、自分たちの町への愛着を感じているからこそ、生まれた発言である。

　また、自分の資質・能力の伸長を自分自身の言葉で表現した子どももいた。

● B児の姿から

　B児「私がこの勉強を通して身に付いた力はたくさんあります。その中で特に身に付いた力は自分の意見を必ずつくり、詳しい意見をみんなの前で発表できるようになったことです。前まではみんなの意見をただ聞くだけだったけれど、総合の授業を通し、話合いを多く行ったため、自分の意見を言えるようになりました。自分の意見を言えるようになったことで、みんなの話合いになり、クラスの意見として最後はまとまるようになりました。一人の意見がみんなの意見に変わることで、納得のいく意見に変わりました。総合の勉強をしてクラスが一つにまとまった気がします」。

　B児は、この単元を通して、とても大きく変容した一人である。総合には正解がないが、納得解はある。そのことをB児は言い当てている。資質・能力の面でしっかりと自分の成長を感じ、自分のクラスに誇りと自信をもっている。

総合 第6学年

[時間数] 全70時間

本単元の目標　地域を調査する活動を通して、地域のよさや、町づくりにかかわる人々の努力や思いに気付き、自らも進んで地域にかかわろうとする態度や、郷土を愛する心を養う。

南大沢開発計画

■ 本単元で育成すべき資質・能力

■コミュニケーション
課題の解決に向けて、友達や社会の人々等とかかわり、自分の意見を適切に表現したり、相手の意見を聞いたりして、考えを深めたり、変容させたりする。

■思　考
分類して考える、関連付けて考える、比較して考えるなど、認知した情報や、新たな外部情報を組み合わせたり、つなぎ合わせたりして新たな情報を得る。

■自己理解・メタ認知
学習を進める前と、学習を通した自分を比較し、知識や技能、考えや意欲など多方面において自分の成長を実感し、よりよい自分を求めつつ、自己肯定感をもつ。

■ 本単元におけるアクティブ・ラーニングの概要

■実践の背景
本校は景観豊かな街並みが学区域となっている。春は桜の名所として名高く、近くには都立小山内裏公園がある。しかし、アンケート調査によると、本校に通う子どもは地域のよさをあまり感じていない。地域の行事に参加したことがある6年生は、37人中5人とたいへん少ない。そこで、本単元を通して、子どもが生活地域である南大沢に愛着をもてるようにしたいと考え、本単元を設定した。

■知の創造に向けて
本単元では【独自・尊重】【創造・構築】を重視した。南大沢の町づくりを進める商店街の人々や本校が開校する前から地域に住んでいる住民との協同的な活動を通して、よりよい町づくりに対する前向きな姿勢や郷土を愛する心に触れていく。調査や分析に必要感をもたせ、「南大沢が私たちのふるさと」と呼べるような提案になるよう考えをまとめ、表現していく活動に発展させていった。

■展開例

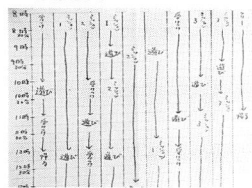

地域祭り出店でのシフト表作成

地域誌作成のための取材（アポイントメントから）

3回におよんだ編集会議

地域誌を配布する活動

STEP 1 単元の流れ

1 つかむ

> 南大沢のよい所とわるい所をまとめ地域の人たちと情報交換しよう

地域のよさや課題を話し合い、活動計画を立てる。話合いでまとめたことを、町内会や地域の商店の人たち、警察関係者等が集まる会で伝え、意見をもらう（土曜日の開催のため、担任が参加）。与えられた情報を整理・分析し、地域の人々の願いや地域の課題を認識する。

2 追究する

> 地域の人たちと協力して地域の祭りを盛り上げよう

親しくかかわる地域の方から、「地域のつながりを深めるために秋祭りを開きたい。本校の6年生のみなさんにも、お店を開いて参加してほしい」という誘いをもらう。秋祭りの出店がよりよいまちづくりにつながるように話し合う。

3 広げる

> 地域誌づくりを通してよりよいまちづくりをしよう

これまでの学習を振り返り、地域のよさや課題、地域の人々の郷土を愛する心に触れ、「南大沢を自分たちのふるさとと呼びたい」という思いを抱く。そこで、地域誌をつくって地域のよさを発信する。単元の最後には、自分の成長と自己の生き方について作文にまとめた。

STEP 2 ①課題の設定　②情報の収集　③整理・分析　④まとめ・表現　　[時間数] 全70時間

指導計画

【教育活動の展開】　　　　　　　　　　　　　　　　　　　　　【指導の手立て】

1 つかむ

①②	第1～4時	地域のよさや課題を話し合い、計画を立てる。
③	第5・6時	地域情報交換会の情報から、地域のよさや課題を分析する。
②	第7時	課題の達成に向けて、ゲストティーチャーの必要性に気付き、質問したいことを深める。
②	第8時	自分の知りたい質問を考え、地域の人に話を聞く。
③	第9時	結果を分析し、発表する。
④	第10時	自分たちができることやしなければならないことを報告書（計画書）にまとめる。

ゲストティーチャーの活用

2 追究する

①	第11時	前時の計画書を基に秋祭りの活動計画を立てる。
①	第12時	秋祭りが「よりよいまちづくり」につながるように、話し合う。
②	第13・14時	ゲストティーチャーと秋祭り出店の計画を立てる。
②	第15時	出店計画に合わせて、資料・情報を収集する。
③	第16・17時	集めた情報を座標軸の入ったワークシートで整理・分析し、店の内容を決定する。
①	第18～20時	出店準備をする。
①	第21時	進捗情報を確かめ、必要に応じて次の活動を話し合う。
②	第22時	ゲストティーチャーからアドバイスをもらう。
④	第23・24時	出店準備をする。
④	第25～28時	活動を振り返る。活動の報告をする。

問題を序列化して課題を設定

3 広げる

①③	第29～31時	地域に対する思いや願い、よさや問題点を話し合う。活動の計画を立てる。

地域誌で、よりよいまちづくりをしよう！

②③	第32・33時	ゲストティーチャーに話を聞き、整理・分析を行う。
②	第34～37時	印刷の方法についてゲストティーチャーに相談する。
④	第38～41時	地域誌づくりの計画をまとめ、内容を話し合う。
②	第42～44時	ゲストティーチャーに話を聞いたり、地域誌を集める。
③	第45時	地域誌を作成する上での配慮事項を確認する。
④	第46～48時	地域誌を作成する。
①	第49～57時	（第1回～第3回編集会議）作成した地域誌をグループごとに見合う。編集会議を基に、原稿を直したり新しい原稿を作成したりする。
③	第58時	原稿の順番を話し合う。原稿を南大沢学園に提出する。
④	第59時	出来上がった地域誌を確認し、感想をクラスメートと交流する。
①	第60・61時	地域誌の配布先を話し合う。取材先にお礼の手紙を書く。
④	第62～64時	地域誌を配布する。取材先には、感謝を伝える。
④	第65～67時	校内に配布し、地域のよさを下級生に伝える。
④	第68～70時	自分の成長を実感するために、今までの学習の履歴をポートフォリオや写真などを使って振り返り、自分ががんばれたと思うところに付箋を貼って話し合う。最後に作文を書いて単元全体をまとめる。

クラスメートへの報告
プレゼンテーション

インタビュー・作業の見学

プレゼンテーション

第2章　総合的な学習の時間アクティブ・ラーニング　　097

STEP 3 アクティブ・ラーニングの展開例

ＡＬモデル① 第23時・第24時
『地域祭り出店でのシフト表作成』

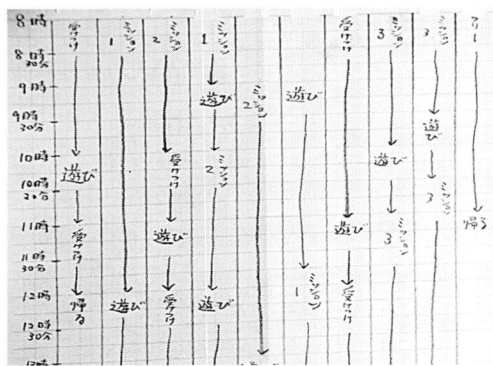

シフト表を活用

■**育てたい資質・能力**
＊出店参加者の予定を把握し、一人一人が公平かつ最も効率的に配置されるよう、整理・分析する力【思考】

■**概念の形成**
＊出店を成功させるためには、仕事を円滑に行えるよう人員を効果的に配置しなければならないということ【連携・協力】

秋祭りの出店を通じてよりよいまちづくりを

「自分たちの住んでいる南大沢のまちをもっとよいまちにしたい」という願いで活動を計画し、話し合っている子どものところに、日頃かかわる機会の多い地域の人から、「地域の絆を深めるために、地域の秋祭りに出店をしないか？」ともちかけられた。子どもたちは快く応じ、出店準備をはじめた。当初は、自分本位で訪れるお客さんのことを考えてはいない様子だったが、「秋祭りの出店を通してよりよいまちづくりにつなげる」というめあてを思い出し、スタンプラリー形式のお店にすることで、自分たちとお客さんが何度も交流をもち、絆を深めていくような出店にすることを決定した。

秋祭り当日は土曜日だったため、予定では習いごとや家庭の事情で参加できない子どももいた。限られた人数で店を運営しなければいけない。また、子どもたちは、自分たちもポップコーン店やお化け屋敷、フランクフルト店など、他のお店巡りを楽しみたいと主張をした。

ある子どもが**自主的に全員の参加できる時間を聞いて回り、同じ時間の勤務時間で働き、どの子どもにも他のお店を楽しむ時間や休憩時間を確保したシフト表を作成**した。

リハーサルは、体育館を借り、休み時間に全校児童を招待して行った。低学年の子どもが60名程度集まってくれた。たくさんのお客さんを前に、子どもたちは張り切ったのだが、結果は、残念ながらお客さんを満足させることはできなかった。

「どうしてうまくいかなかったのだろう？」子どもたちは自然に集まり、話合いをはじめた。そこには、主体的で粘り強く課題に取り組む子どもたちの姿があった。「スタンプラリーどおりに進ませられず、お客さんが混乱した」「ルールが伝わりにくい」など、いろいろな課題が浮き彫りになった。

また、秋祭り当日が近付くにつれ、当初は来られないと話していた子どもも1時間だけでも参加するようになり、結果的に全員が秋祭りの出店に参加した。全員の活動がより主体的になった瞬間であった。

Models for Active Learning

ALモデル② 第42時～第44時
『地域誌づくりのための取材（アポイントメントから）』

■育てたい資質・能力
＊相手の立場や状況を考え、町や店の人に自分からかかわり、自分たちのことを適切に表現したり、情報を得たりする力【コミュニケーション】

■概念の形成
＊南大沢には、たくさんのよさがあるということ【独自・尊重】
＊不特定多数が見る情報の取り扱いには、十分に注意をしなければならないこと【多種・多様】

インタビュー活動

地域誌を製作し、多くの人に広める

　地域の秋祭りに出店し、地域をよりよくしようと働く様々な人々がいることを知った子どもたち。そのような方々の思いや願いを感じ、地域のよさをもっと多くの人たちに発信していこうという使命感を抱いた。そこで子どもたちは、南大沢の景観のよさやお店の特集を掲載した地域誌を製作し、多くの人々に広めることを考えた。

　次の活動方針が決まり動き出した子どもたちに待ち受けていたのは、「多くのお金が必要である」という壁であった。子どもたちの願いを叶えるためには、近所の印刷所では10万円程度の資金が必要であった。

　八王子市の商工会議所職員で広報誌を製作している北島から話を聞くと、「一番難しいのは、必要な予算を集めることでしょう」との指摘を受けた。子どもたちの力では解決が難しい課題に直面している中で、次に**秋祭り感謝の会として出店の誘いをしてくれた田中さんを招聘し、家庭科の授業の一環としてお茶の会をした。**

　子どもたちが田中さんに現在の課題について話すと、「都立南大沢学園で就労体験学習として印刷業務を無料でしてくれます」という情報提供を受けた。そこで代表の子どもが、南大沢学園に連絡をとると、必要な用紙とインクを用意することを条件に、印刷業務を行ってもらえることになった。最大の壁を乗り越えたことで、子どもたちの地域誌づくりの活動は、より熱を帯びることになった。

　実は、**田中さんから都立南大沢学園を紹介してもらうという流れは、事前の打ち合わせによるものであった。子どもたちが自分たちの力で課題を乗り越えるため**であった。

　いろいろなお店に取材と掲載のお願いに行く子どもたち。当初、子どもの話合いで名前があがったお店に対して、担任が挨拶と事前の取材交渉を行っていたが、取材を通して地域の人たちとの交流に自信を深め、能動的に活動してきた子どもたちは、飛び込みでの取材や町を歩く人たちへのインタビューなどを行うようになり、担任を驚かせた。担任の手を離れ、自分たちの力で活動を進めていた場面であった。

第2章　総合的な学習の時間アクティブ・ラーニング

STEP 3 アクティブ・ラーニングの展開例

ALモデル③ 第49時・第53時・第57時

『3回におよんだ編集会議』

■育てたい資質・能力
*既習の方法を適切に使って情報を整理・分析し、友達との交流を通して、自分の考えを変容させたり、より確かにしたりする力【思考】
■概念の形成
*地域誌の原稿作成のための編集会議を通して、新たな考え方やよりよい表現もあると気付いていくということ【創造・構築】

編集会議の様子

妥協せず、正しい情報を集めた地域誌を製作する

　地域誌を受け取る相手を具体的にイメージすることで、その後の活動内容はおのずと決まる。そこで、「だれに向けて、どのような願いでつくる地域誌なのか」目的とターゲットを明確にした。「南大沢には、大学が近くにあるね」「大学生がたくさん読むと思う」という明確な課題意識のもとに情報収集を行うことができた。なかには、両親にお願いして職場でアンケート調査をしてもらい、情報の量を増やした子どももいた。

　子どもたちを信頼して任せていたが、ただ楽しいだけの活動には終わらなかった。その理由の1つは、**子どもたちがはじめに決めためあて「南大沢をよりよいまちにしよう」を常に見えるよう掲示**していたからだと感じた。

　グループに分かれ、集まったたくさんの情報を整理し、必要な情報に精査して原稿づくりを行った。**日常的に地域誌を作成している方をゲストティーチャーに迎え、原稿のいろはを習った。これは国語の既習経験を役立てる横断的な学習の機会となった。**

　1か月程度の期間で3度の編集会議を行い、地域誌の製作を進めていった。「自分たちのグループがつくった原稿を地域誌に載せたい」という思いで、各グループが熱の入ったプレゼンテーションを行った。しかし、単元のはじめに決めためあてを基に「地域をよくすることにつながるか？」「地域の課題を改善する可能性があるか？」という視点で、子どもたち自身が判定していった。ときには厳しい言葉を浴びせられることもあったが、諦めることなく、次の編集会議には改善された原稿をもってプレゼンテーションを行った。

　実際にフリーペーパーをつくっているプロの人にアドバイスをもらい、「小学生がつくった物だから…」という妥協がないようにした。特に「間違った情報は、読者や掲載したお店など様々な人たちに迷惑をかけ、地域誌の信用を失う」というアドバイスから、**できあがった原稿は常に教室内に掲示し、授業時間以外にも多くの目で見てまちがいを発見できるようにした。**このような経験は、情報モラル教育につながったと感じている。

ALモデル4 第60時〜第67時
『地域誌を配布する活動』

■育てたい資質・能力
＊自分たちの製作した地域誌を配布し、読者やかかわった人たちの反応や自分たちの振り返りを通して、自分の成長を実感し、よりよい自分を求めつつ、自己肯定感をもつ力【自己理解・メタ認知】

■概念の形成
＊自分たちの発信した情報によって、その情報にかかわった人々や読者にいろいろな影響を与えるということ【創造・構築】

ゲストティーチャーからのフィードバック

思いの詰まった地域誌を配布する対象を考える

　何度もやり直してつくり上げた自分たちの思いの詰まった地域誌は、都立南大沢学園の協力で印刷も無事に終わり、段ボール箱に梱包されて子どもたちの手に届いた。箱を開けるときの子どもたちの笑顔は、満足感に溢れていた。
　「すぐにいろいろな人に届けに行こう」
　子どもたちは、どのように配ると自分たちの願い（地域のよさをもっと多くの人たちに発信していこう）が多くの人に伝わるかについて話し合うことにした。3年生の社会科で習った地域の仕事についての学習や、算数で身に付けた表とグラフの力を活用しながら、より効果的な配布方法を話し合う子どもたち。自然といろいろな教科で身に付けた力を発揮していた。
　完成した地域誌を、以前アドバイスをしてくれた商工会議所の北島さんに見てもらった。同じゲストティーチャーに繰り返しかかわることで、ゲストティーチャーからのアドバイスが深まっていった。子どもたちのかかわり方も密接になった。また、**地域誌づくりの過程を見てもらい、改善された点を評価してもらったことが、子どもたちの意欲の高まりにつながった**。地域誌づくりのプロと、子どもたちがあこがれる北島さんに太鼓判をもらえたことで、いよいよ配布する運びとなった。
　話し合った結果、学校の先生方や保護者、お世話になったお店の人たちなどに配ることにした。子どもたちは、協力してもらった人たちに配りながらお礼を伝えた。
　「素晴らしい地域誌だね。よくがんばったね」
　このような声かけをもらったことで、子どもたちと地域の人たちとの絆がより深まった。今まで目に見えていなかった自分たちの町で働く人々の思いや願い、美しい風景…町の見え方が変わり、子どもたちの胸にはふるさとと呼べる町ができ、そのふるさとにある本校が自分たちの母校になったのである。

STEP 4 子どもの姿から　　　　[成果と課題]

　単元の前と後で子どもにアンケートを取り、子どもの変容を見取る1つの資料とした。
　「地域の行事に参加したことがある、または、参加をしてみたい」。
　単元前5人（37人中）→単元後37人（37人中）
　この単元を終えた子どもたちが卒業後に小学校を訪れ、在校生と積極的に交流したり、地域の方々と協力し小学生の余暇活動を支援したりする姿が見られた。

地域の行事に参加したことがある、または参加してみたい。
参加する 12%／参加しない 88% → 参加しない 0%／参加する 100%
アンケート結果の推移

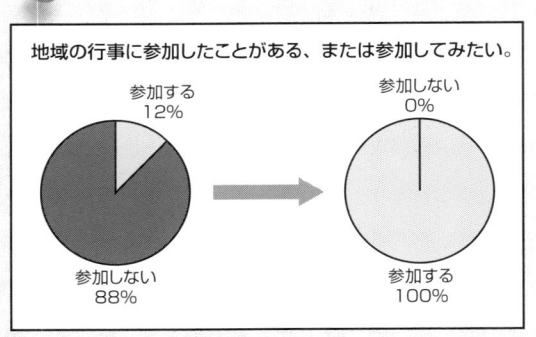

●A児の姿から（追究する段階終了後のまとめで）

　「何をしたらみんなの役に立てるか、昔よりも考えられるようになった。昔も今も自分のことでいっぱいいっぱいだけど、今はみんなのことも少し考えられるようになった」と、自分の成長を分析している。
　また、「自分たちがつくったお店にお客さんが並んでいるときは、とても感動した。みんなと協力したらこんなに達成感があって、感動して、うれしい気持ちになれることをよくわかり、1つのことを成し遂げることは、とても大切なんだということを知り、成長したなと思った」と、活動に充実感を感じ、自己の生き方に結び付く考えをもてた様子が見られた。

●B児の姿から（単元のまとめの作文より）

　B児はまとめの作文の中で、フリーペーパーを作成するために行った取材で人と話す力や困難に対しての対応力が付いたことを挙げていた。また、構成を話し合って決めたり、パソコンで記事をつくったりする活動を通して考える力が付いた、と自己分析をしていた。
　そして、「地域誌づくりでは、失敗をくり返したこともありました。しかし、そうした失敗をしたことで、自分たちの想い描いたものができた気がします。この地域誌づくりで学んだことや身に付いた力は、大人になっても必要なことだと思います」と、粘り強くやり遂げる力の成長と、自己の生き方に結び付けている様子が感じられた。

総合 第6学年

本単元の目標 地元の特産物の保谷梨をPRする活動を通して、それにかかわる人たちの思いや考えにふれ、地域のよさや地域を支えている人がいることに気付き、自己の生き方について考えようとする。

[時間数] 全70時間

地域の特産、保谷梨をPRしよう！

■本単元で育成すべき資質・能力

■思　考
よりよい商品をつくり上げるために複数のアイディアを比較し、よりよいものを選択する。視点を決めてその視点に重み付けを考え比較できるようにする。

■自己理解・メタ認知
友達と協同して学習を進める中で、自他のよさを認め合うことを通して、自分の特性や変容に気付くようにする。

■コミュニケーション
よりよい商品をつくるためにアイディアを出し合って検討し、大人とかかわる中で、より具体的に自分たちの考えを説明できるようにする。

■本単元におけるアクティブ・ラーニングの概要

■実践の背景
本学区近隣には保谷梨を生産している農園が3軒ある。保谷梨を学習することは自分たちの地域のよさや、地域のために働いている人に出会うことにつながる。

保谷梨は小売店の店頭で販売するのではなく、直売所や直接宅配による販売を行っている。身近にある保谷梨だが、自分で保谷梨を購入したり、販売所があることを意識したりする子どもは少ない。

保谷梨はけっして生産性の高い作物ではない。しかし、地元の人に美味しい梨を食べてもらいたいと自信と誇りをもって栽培をしている。そんな生産者の思いや願いに出合うことは、自己の生き方を考えるきっかけとなる。

■知の創造に向けて
本単元では【多種・多様】【連携・協力】を重視した。保谷梨を食べたことがない人にそのよさをPRするため、パンとスイーツ商品を開発し、販売促進を行った。

■展開例

ウェビングマップ　　ゲストティーチャー　　マトリクス　　表現方法を考える

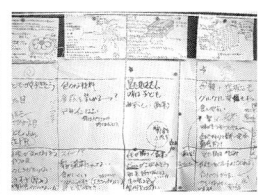

STEP 1 単元の流れ

1 つかむ

> 保谷梨で本当に1年間学習をすることができるかな？

保谷梨について予備知識をもつために生産者の話を聞いたり梨畑を見学したりし、生産者の思いや考えを知る。予備知識をもった上で、保谷梨が総合的な学習の時間として1年間取り組むべき課題かを検討する。

2 追究する

> 保谷梨をPRするためにスイーツやパンにして、販売してもらおう

地域の製パン店や製菓店に協力してもらい、保谷梨のよさを生かしたスイーツとパンの商品開発を行う。そして今まで食べたことがない人にも食べてもらい保谷梨のよさを大勢の人に知ってもらう。出来上がった商品を大勢の人に購入してもらうためにPR活動もしていく。

3 広げる

> 学習したことをパンフレットにして直売所においてもらおう

自分たちの活動でどれだけ保谷梨のことを知ってもらえたかについてアンケート調査し成果を確認した。さらに自分たちが卒業した後もPRできるように、学習したことをパンフレットにまとめ、直売所な梨祭りで配布してもらうようにした。

①課題の設定　②情報の収集　③整理・分析　④まとめ・表現　　[時間数] 全70時間

STEP 2 指導計画

		【教育活動の展開】	【指導の手立て】
1 つかむ		課題を決めよう	
	②	第1〜6時　保谷梨畑を見学して保谷梨生産者の話を聞こう。	ウェビングマップでどんな活動ができるかを考える
	③④	保谷梨新聞を書こう。	
	①	保谷梨でできそうな活動を考えよう。	
	③①	第7時　保谷梨で1年間追究していけるかを検討しよう。	
2 追究する		PRの仕方と対象をきめよう	
	②③	第8〜20時　PRする方法を決めよう。	専門家の話を聞く
	②③	お店を決めよう。	
	②③	保谷梨の知名度を調査しよう。	
	②	パン職人の話を聞こう。	
	③④	聞いた話をまとめよう。	
	①	ターゲットを絞ろう。	
		商品開発をしよう	
	②	第21〜35時　切り方で味が変わるかを確認しよう。	マトリクスで比較する
	②	ジャムをつくろう。	
	④	商品を考えよう。	
	②	提案する商品を選ぼう。	
	①	試食会をしよう。	
		販売促進の方法を考えよう	
	②③	第37〜50時　ポスターを分析しよう。	
	④	チラシやポスター、POPをつくろう。	
	④①	お礼の手紙を書こう。	
3 広げる	②③④	第51〜70時　学習を振り返りパンフレットをつくろう。アンケート調査で保谷梨の知名度があがったかを調べよう。	対象の特徴から表現方法を考える

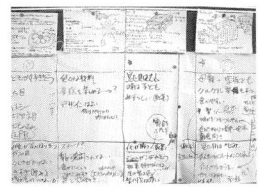

第2章　総合的な学習の時間アクティブ・ラーニング

STEP 3 アクティブ・ラーニングの展開例

ALモデル① 第7時
『ウェビングマップでどんな活動ができるかを考える』

■育てたい資質・能力
＊課題設定の場面で、その課題が1年間追究する価値があるか、複数の視点から検討する力【思考】

■概念の形成
＊今まで身近にあっても意識していなかった地域の特産物やそれをつくっている人の努力や苦労があるということ【独自・尊重】

ウェビングマップの活用

保谷梨で展開できる活動を考えさせ、学習課題をもたせる

子どもたちが自ら興味・関心に基づいて課題を設定したものが、1年間を通して追究していける課題となり、協力してくれる専門家や、担任の目指す学習のねらいとスムーズに一致させなくてはならない。

本校の学区近隣には、保谷梨を栽培している農園が数か所ある。**地域の特産物である保谷梨をテーマに追究していくことは、生産者の思いだけでなく、地域のよさや、自己の生き方にも目を向けられるよい教材**だという思いがあった。また、すぐに質問できる専門家が近くにいることは、子どもたちの能動的な学習を促す上でも大切であると考え、保谷梨をテーマに学習を展開したいと考えた。

「総合で大切にしたいこと」
①全員でできるか
②みんなが本気になれるか
③地域の方や専門家とかかわれるか
④自分たちの成長につなげられるか
⑤夢や感動があるか
⑥喜んでもらえるか
⑦本物が作れるか（発表の場がある）
⑧6年最後の総合にふさわしいか

そこで、まず、保谷梨の生産者から話を聞き、梨畑の見学をした。**教室には、2年前に卒業した子どもたちがつくった保谷梨のパンフレットも掲示し、自由に見られるように**しておいた。その後「保谷梨で1年間総合をやっていきたいですか？」と担任から水を向けた。**予備知識がないところで、課題を検討することは難しいと考えたからだ。**子どもたちは、生産者の話を聞いて、保谷梨は地域の特産品であり、もっと広くPRしていくべきものであるという気持ちはもったが、1年間の課題として取り組みたいという気持ちには至っていなかった。

そこで、**保谷梨でどのような活動ができるか、ウェビングマップを使って考えた。**総合で大切にしたい8つの条件に当てはまるかを検討をした。その過程で、生産者の思いや考えをくみ、自分たちが地域にできることは何かを考えるようになっていった。課題をじっくり検討することで、担任にやらされる活動ではなく、単元のイメージをもって、自分たちがやりたい活動へ変えることができた。

Models for Active Learning

ALモデル② 第8時〜第20時
『専門家の話を聞く』

■育てたい資質・能力
＊地域社会に直接働きかける商品開発という高いハードルを設定することで、課題克服のために様々な方法を考え、意欲的に取り組もうとすること【学習意欲】

■概念の形成
＊自分たちの学習に協力してくれる地域の人たちとかかわり合うことで、地域を大切にする大人が地域や自分たちの生活を支えているということ【連携・協力】

ゲストティーチャーの活用

保谷梨のよさを伝える具体的な方法を考えさせ意欲もたせる

　アンケート調査を行い、保谷梨の知名度を調べた。保谷梨を知ってはいるが直売所で購入したことがある人は半分以下であることがわかった。そこで、今まで食べたことがない人にも保谷梨を食べてもらうためにはどうしたらよいかを話し合った。

　様々なアイデアが出たが、食べてもらわなくてはおいしさが伝わらないと考え、加工した製品として販売したらどうだろうかと考えた。すると、ある子どもが「『近くのパン屋さんで、リクエストパン受け付けます』っていうポスターが貼ってあった。リクエストしたらどうだろう」と提案すると、「それなら、自分たちが考えた保谷梨パンを販売してもらいたいな」ということになった。

　数日後の総合の授業で、「先生、パン屋さんにお願いしに行ったらつくってくれるって」と報告があった。また、「西東京市のホームページで、めぐみちゃんメニュー事業というのをやっているよ」と発言した子どもがいた。めぐみちゃんメニューとは、地域の農作物を地域の企業が加工し販売することを推進するための事業である。そこで、産業振興課から紹介してもらったケーキ屋さんに協力を依頼した。

　保谷梨のおいしさは完熟して水々しい点にある。また、摘果を繰り返すことで、甘さも凝縮された大きな実ができる。生産者は採れたての最高においしい状態で販売するために、庭先等に直売所を設けて直接販売をしている。あるとき、「保谷梨のよさは、生でそのまま食べるから甘くて水々しく、歯触りもいいところだよね。それなのに、加工して食べたら生産者の気持ちと離れてしまうんじゃないかな」と発言した子どもがいた。これに対してほかの子どもが「それ、私も気になって、この前聞きに行ってきたら、大勢の人に食べてもらえるなら加工してもかまわないと言ってくれたよ」と答えた。

　商品開発というハードルが高い目標であるが、実際に協力してくれる店舗も見付かり、自分たちががんばれば、実現するのではないかという気持ちが、子どもたちの自主的な活動を促すことになった。

STEP 3 アクティブ・ラーニングの展開例

ALモデル③ 第21時～第35時
『メリットとデメリットをマトリクスで整理』

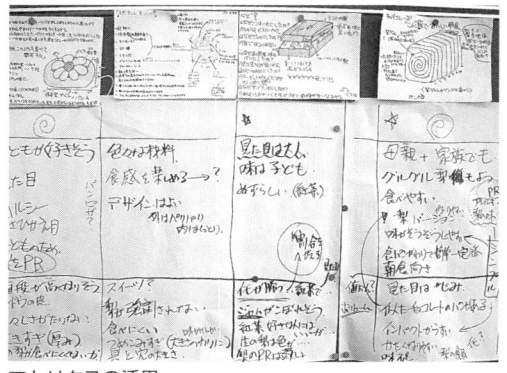

マトリクスの活用

■育てたい資質能力
＊アンケート調査から購入者のニーズを調べ、保谷梨のよさを生かした商品になるかを比較し、一番ふさわしいもの選んで提案する力【思考】

■概念の形成
＊アンケート調査から、人には様々な考えや好みがあることや、比較するには視点をはっきりさせることが大切であるということ【多種・多様】

商品を選択するために複数の視点を考え検討する力の育成を図る

　梨の収穫がはじまる９月になり、いよいよ商品開発に入った。１学期の終わりには、パン職人とパティシエに、仕事の内容や商品開発の話をしてもらい、どちらもターゲットを絞ることが大切だと教えてもらっていた。自分たちの身近な母親層に絞って商品を開発しようと考えアンケート調査もしておいた。そして、わかったことは、甘さが控えめでヘルシーさに重きを置いていることだった。

　梨をどのようにしたらおいしく食べられるかを知るために、摺り下ろしてみたり、色々な切り方をしてみたりして試食した。梨のよさを生かすには大きく切ったほうが水々しく、歯触りもよくおいしいことがわかった。

　しかし、パンに合わせるには生の大きな梨は合わないので、学区のジャム店に相談した。「それならサツマイモやカボチャと一緒にジャムにするとよい。コンポートも工夫すればできそうだ」とアドバイスがあり、梨やサツマイモの分量を変えながら数種類のジャムをつくってみたり、コンポートをつくってみたりした。

　放課後、家庭で試作品をつくる子どももいた。生クリームの中に梨ジャムを入れたシュークリームを学校にもってきたのだ。試食すると大好評だ。パティシエにも試食してもらうと、「いい線いっているが、もう一工夫ほしい」と言われた。この年は、猛暑で予想以上に梨の収穫が早く進んでしまい、じっくりと試作を繰り返すことができなかったが、子どもたちはパンを３種、スイーツを３種考えた。

　子どもたちは自分たちの班が提案したものを商品化してほしかったので、どのように決めるか真剣であった。そこで、**メリットとデリットをマトリクスで整理**した。さらに、**メリットに、保谷梨らしさがでているか、ヘルシーであるか、見た目や味はどうかという視点を考え、重み付けをした**。メリットがたくさんあるものがよいというのではなく、保谷梨のよさが一番生かせているものを大切にしようと話し合った。**自分たちで視点を考えて、その視点に重み付けを加えたことが建設的な話合いにつながった**。

Models for Active Learning

ALモデル4 第37時～第50時
『対象の特徴から表現方法を考える』

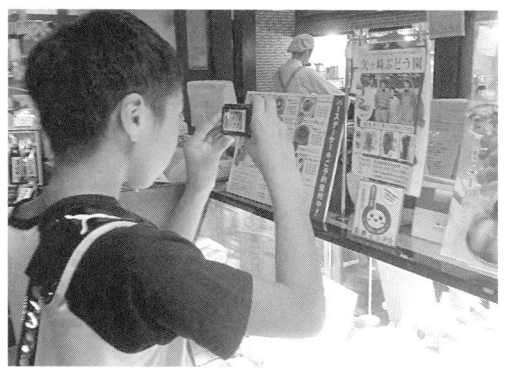

PR方法を考えるために取材する

■育てたい資質・能力
＊どのようにしたら、自分たちが開発した商品をより多くの人に買ってもらい、保谷梨のよさを伝えていけるかを考え実践していく力【対象への働きかけ】

■概念の形成
＊様々なアイディアを出し合い整理・分析することを通して、課題解決に至るまでの考え方が人によって違うことに気付くということ【多種・多様】

販売する商品と購入対象者の特徴から宣伝方法を検討させる

　子どもたちの提案した商品は、プロがブラッシュアップして実際に販売する商品になった。できあがった商品を見た子どもたちは、大きな歓声をあげた。自分たちが想像した以上に素晴らしい商品になっていたからである。子どもたちはその出来映えに感心すると同時に、プロのすごさを実感することになった。そして、ぜひ大勢の人に食べてもらいたいという気持ちを強くもった。

　販売日も決まった。次はどのようにPRするかを考えなくてはならない。**販売する店舗に行き取材**をすることにした。商品に付けるPOPにはアレルゲンがかかれていること、店舗に掲示するチラシやポスター、集客のための配布用のチラシも必要なことがわかった。

　そこで、ポスターには何を載せたらよいか、チラシには何が必要かを検討した。**校内に掲示してあるポスターを集め検討**をした。ポスターはとにかく目を引くこと、必要な情報が一目でわかることが重要であることがわかった。そこで保谷梨という文字を大きくすることや商品の写真を中央に目立つように配置した。また、キャッチコピーを考え、本校で開発したということもわかるようにした。

　チラシは手に取ってじっくり見てもらえるので、なぜこの商品をつくったのか、保谷梨のよさはどんなところなのかなど、自分たちの思いを伝えるための情報を載せることにした。**ポスターやチラシのデザインはホワイトボードで何度も検討**して、コンピュータと大判プリンタで仕上げた。販売用ポップは、あえて手書きでイラストを付けて作成し目を引くようにした。

　ポスターは店頭や校内に掲示した。チラシは、校内で配布するだけでなく、購入してもらった商品と一緒に配布してもらうことにした。商品を開発・販売する楽しさにばかり活動が流れていくこともあったが、保谷梨のよさをPRするという視点に立ち戻ってそのつど活動を振り返ることができた。

STEP 4 子どもの姿から　　[成果と課題]

　子どもたちにとって商品開発という少し高いハードルを設定し学習に取り組んだ。子どもたちには、「本物をつくるんだよ。ごっこではだめなんだよ」と話した。本物とは、学校の中だけでなく、社会に直接働きかけるものである。だからこそ、妥協が許されず本気になって取り組まなくてはならない。そして、それが達成されたときの満足感・充実感はとても大きい。商品が店頭に並んだときの気持ちをこう振り返っている。

　「ついに、この日がやってきました。販売開始です。お母さんと一緒に洋菓子店に買いに行きました。すると、何とシュークリームの『みんなの保谷梨』があるではありませんか。このとき改めて私たちはすごいことをしたんだと実感しました。そして、叫びそうになるくらい感動しました」。

　また、総合的な学習の時間では、活動と話合いが繰り返される。話合いが有効に働かないと、活動が充実したものにならない。そこでシンキングツールを活用して考えを整理するように指導した。

　「私がこの総合で学んだことは、話合いで出た意見のまとめ方です。表にすると見やすく比べやすくなります。円や線で結ぶと仲間分けがしやすくなります。そして、まとめ方を多く知っていると将来にも生かせると思いました」。

　様々な職種の方にふれ、華やかに見えるパティシエの世界も、表には見えない苦労があることや梨を育てるにも、想像以上の手間がかかっていることを知り、職業観や生き方についても考えるきっかけになった。

　「保谷梨についてよく調べ考えることで、地元のことをさらに知ることができたと思います。パン工房の方や洋菓子店の方、保谷梨を生産している方などのお話をうかがうことで、将来について深く考えるようになりました」。

総合 第6学年

本単元の目標 地域の思いや願いを調査し、よりよいまちづくりに向けて自らできることを考え、実行する活動を通して、地域に参画する態度や郷土を愛する心を養うとともに、他者とよりよく問題を解決する力を育てる。

[時間数] 全30時間

地域とコラボ！「縁台プロジェクト」を立ち上げよう

■ 本単元で育成すべき資質・能力

■思　考
地域の問題状況を改善するための話合いの際に発揮される比較、関連付けて考える力や多面的に考える力などの資質・能力

■対象への働きかけ
子ども自ら魅力あるまちづくりを提案し、実践する活動を通して、地域に参画する態度及び実践力などの資質・能力

■コミュニケーション
友達や地域の協力者、行政や企業など、様々な対象とかかわり合う中で、異なる見方や考え方を受け止め、発展させていく能力などの資質・能力

■ 本単元におけるアクティブ・ラーニングの概要

■実践の背景
本学区は、外国人が多く生活する多文化共生のまちである。加えて、観光客も多く、活気に溢れている。一方、住民同士のつながりについては、懸念する声もあり、特に、緊急災害時等では、国籍や言葉の違いから混乱も予想される。子どもたちは、こうした地域の問題や、それを改善するための地域の地道な取組を知り、「国籍や年齢を超えた人と人とのつながりの大切さ」に関心を寄せていった。

■知の創造に向けて
本単元では【連携・協力】【創造・構築】を重視した。子ども自ら魅力あるまちづくりを提案し、地域に参画する態度と実践力を育むことをねらいとしている。ヘイトスピーチが盛んに行われたこの年、子どもたちが、紡ぎ出した答えは、コミュニケーションツールとしての「縁台」であった。完成・設置に向けて抱えた数々の問題を、様々な人とのかかわりを通して、乗り越えていった。

■展開例

フリップボードで意識調査  ｜ 地域の人と意見交換  ｜ プレゼンテーションで地域や企業に協力要請  ｜ 「縁台」設置で地域に呼びかけ

STEP 1 単元の流れ

1 つかむ

> よりよいまちづくりに向けて、私たちができることってなんだろう

地域の実態や地域住民の思いや願いを調査し、地域のよさや問題点を明らかにする。調査してわかったことを踏まえ、魅力あるまちづくりに向けて自分たちができることを話し合う。さらに、自分たちの提案が、具体的で実現可能なものになるように練り上げていく。

2 追究する

> 地域や企業の協力を得るために、説得力のあるプレゼンにしよう

実現に向けて再度問題点を整理し、問題点ごとにグループに分かれ解決策を探る。地域の協力や企業の協賛を得られるようにプレゼンを準備し、交渉する。材料及び技術協力を得て、子どもたち自ら「縁台」を制作する。

3 振り返る

> 人と人とがつながり合う私たちの願いの詰まった「縁台」の完成だ

地域に「縁台」を設置し、その効果を調べる。結果を踏まえ、自分たちの活動を校内や地域に発信し、引き継いでいく。活動を振り返り、自分の成長や地域参画について考えを作文にまとめる。

STEP 2 ①課題の設定　②情報の収集　③整理・分析　④まとめ・表現　　[時間数] 全30時間

指導計画

【教育活動の展開】　　　　　　　　　　　　　　　　　　　　【指導の手立て】

1 つかむ

①②	第1・2時	地域の取組や地域の問題を探り、地域への関心を高める。
②③	第3・4時	社会福祉協議会の方と魅力あるまちづくりについて話し合う。
③④	第5・6時	調査したことや話し合ったことを踏まえ提案したい内容を決定する。

メリット・デメリットチャートの活用

2 追究する

①②③	第7～10時	実現に向けて問題点を明らかにする。解決しなければならない問題ごとにグループを編成し、活動する（設置場所グループ、デザイングループ、技術依頼グループ等）。
①④	第11時～12時	各グループの取組を全体で共有し、改善できる点とできない点を明らかにする。
③④	第13～16時	地域の協力や企業の協賛を得られるようにプレゼンを準備し、交渉する。
②④	第17時～18時	公共の場に「縁台」を設置する際の手続きの方法を調べ、申請書を作成し、区役所に提出する。
④	第19時～23時	材料の提供及び技術協力を得て、「縁台」を子どもたち自ら制作する。
③④	第24時～26時	「縁台」の完成と地域への設置の趣旨を盛り込んだチラシをつくり、キャンペーン活動を行う。

ベン図チャートの活用

ダイヤモンドチャートの活用

3 振り返る

③④	第27～29時	地域に「縁台」を設置し、その有効性を校内や地域に発信し、引き継いでいく。
④	第30時	活動を振り返り、地域参画について考えをまとめる。

ウェビングマップの活用

第2章　総合的な学習の時間アクティブ・ラーニング　113

STEP 3 アクティブ・ラーニングの展開例

ALモデル① 第3時・第4時
『マトリクスチャートで提案（活動）を多面的に分析する』

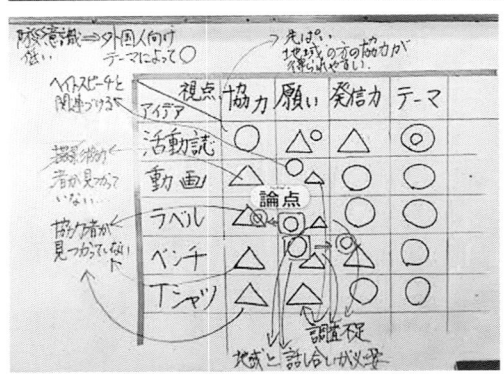

マトリクスチャートの活用

■育てたい資質・能力
＊友達や他者の異なる見方や考え方を受け止め、発展させていく力【コミュニケーション】

■概念の形成
＊大久保のまちの実態や地域の人の思いや願いを踏まえ、「人と人とがつながる」ための新たな提案（活動）を生み出していくということ【創造・構築】

大久保のまちのために自分たちができることを決定する

　子どもたちは地域行事に積極的に参加し、活動を推進する人たちの思いや願いに触れることによって、自分たちも地域に貢献したいという思いを強めた。そこで、地域の実態や調査を踏まえて数種の提案（活動）の候補を考えた。

　そして、提案（活動）を絞り込むために、子ども自ら考えた「テーマ性（重要かどうか）」「協力できるか」「地域の願いが込められているか」「発信力があるか」という4つの視点で提案の価値を検討した。**話合いは、グループから全体へと展開したが、それぞれの場面で、写真のようなマトリクスチャートを用いた。**

【全体での話合い】
子どもA「大久保つつじは、地域のシンボルだし、活動誌なら地域の方の協力が得られやすいと思う」
子どもB「今は、ヘイトスピーチも行われているし、何か、メッセージを込めたほうがいいよ。動画かメッセージラベルがいいな。発信力があると思う」
子どもC「でも、大久保は、ポスターやチラシで溢れかえっているよ。言葉の情報がありすぎて逆に気にしてもらえないと思う」
子どもD「Cさんに付け足しで、私は、『量』よりも『質』が大事なんだと思う…」
子どもE「『量』より『質』っていいね。人と人とがつながるって、無理やりさせることではないし…」
子どもA「ベンチ（縁台）もよく思えてきた。誰でも座れるし、座れば、あいさつや会話も自然に生まれると思う」
子どもB「確かに、知らない人同士がベンチをきっかけに仲よくなったらすごい嬉しい。でも、発信力が足りないと思う。地味っていうか」
子どもD「テーマもいいし、チラシとか、ホームページとか、地域の広報誌でお知らせすれば、大丈夫だと思う」
子どもF「私もベンチ（縁台）に賛成だけれど、本当に（実現）私たちができるのか心配」
子どもG「確かに。つくり方とか、材料とか…」
子どもB「私たちの思いを伝えて、地域の人に協力してもらえないかな…」

　このように、地域調査を踏まえた［子どもBとC］の考えに、［子どもD］の「量から質」という新たな考えが引き出され、そのことによって、はじめは、異なる考えをもっていた［子どもA］が、ベンチの新たな価値に気付いていく。しかし、提案（活動）に対して冷静で批判的な見方を欠いていないことが、［子どもBやFやG］がそれぞれ指摘した「発信力の低さ」「実現可能性への懸念」「協力の要請」から見て取れる。まさに、話合いや今後の活動が質的に深まる重要な局面であった。

Models for Active Learning

ALモデル② 第10時
『ベン図チャートを用いた複数の視点による情報の整理・分析』

■育てたい資質・能力
＊情報を複数の視点で分析したり、比べて考えたりしながら、根拠を明らかにしていく力【思考】

■概念の形成
＊大久保は、多文化共生のまちであり、国籍や世代によって様々な考え方があるということ【多種・多様】
＊こうした実態を尊重して、課題を見いだしたり、結論を導きだしたりすること【独自・尊重】

ベン図チャートの活用

複数の視点で縁台の設置場所を分析し、決定する

　本時は、ベンチ（以下縁台）の設置場所をめぐり、候補の中から適切な設置場所を選択する場面である。子どもは、フィールドワークや地域住民への聞き取り調査を繰り返し、11か所の候補地を探し出した。一方で、縁台設置の趣旨に対する地域の賛同は得られたものの、「管理責任」や「道幅の問題」「利用者によるマナー違反や安全への配慮」等、解決しなければならない新たな問題にも気付いてく。

　そこで、本時は、適切な縁台の設置場所を選び出すために、**ベン図チャートを用いた小集団での話合い**を行った。考える視点（条件）については、自分たちが、これまで、大切にしてきた「①日常に溶け込む場所である（自然な出会いが生まれる）」ことに加えて、「②管理しやすい場所である」こと、「③（住民にとって）安心・安全である」ことを加えた。子どもたちは、フィールドワークで撮りためた11か所の候補地の写真を、視点に沿って移動しながら話し合った。

　候補地には、地域の商店街やバス停、利用者の多い公園や図書館等の公共施設等がリストアップされていたが、話合いの結果、学校から最も近い「小泉八雲記念公園」を選定した。

　理由として、管理しやすいこと、設置スペースが確保できること、夕方は施錠され安心であること。また、小泉八雲記念公園には、一人がけの椅子しかなく、人と人とのつながりが生まれにくい状況があることや、孤立しがちな外国の母親にとっての情報共有の場として期待できること、大久保地区の緊急災害時の避難所の一つであるにもかかわらず、十分認知されていない実態があることなどが話し合われた。

　以上のように、**話合いの展開が目に見えてわかること、操作しながら考えがまとまること、複数の視点で分析したり、比べて考えたりするなどの思考力が発揮されることで、主体的で活発な話合い活動が展開**された。

STEP 3 アクティブ・ラーニングの展開例

ALモデル③　第13時
『ダイヤモンドチャートを使って説得力のあるプレゼンを考える』

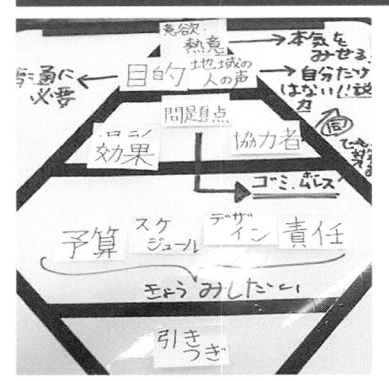

ダイヤモンドチャートの活用

■**育てたい資質・能力**
＊課題や問題状況の解決に向けて、目的意識や相手意識をもって、対象とかかわろうとする力【対象への働きかけ】

■**概念の形成**
＊地域や社会には、様々な人の思いや願いがあり、地域や社会の課題の解決には、それぞれのよさを生かして協力するということ【連携・協力】

相手の心を動かすプレゼンの内容を考える

　子どもは、縁台設置の実現に向けて、地域の実態を踏まえた縁台のデザイン（色、形、大きさ、材料）を考え、設置場所を選定した。しかし、この時点では、地域の材木店や工務店、ホームセンターの協力が得られず、縁台の資材確保や制作への見通しが立っていない。子どもたちは、社会福祉協議会の協力を得てつかんだ地域企業へのプレゼンのチャンスを逃すまいと、発表内容を十分吟味して臨むことにした。

　今回のプレゼンの最大のミッションは、資材提供と技術支援を獲得することである。この課題を解決するために、説得力のあるプレゼンの構成について話し合った。前時までに、プレゼンに盛り込みたい12の内容を明らかにし、付箋紙に書いた。

　本時は、この**12の内容の書かれた付箋紙**を、重要度の階層を示す**ダイヤモンドチャートに移動させながら整理**した。子どもにとっては、どれも大切で伝えたい内容であるが、その**優位性が目で見てわかることで**、伝える順番や強調したい点など、説得力のあるプレゼンに向けた論理展開について、積極的に話し合うことができた。

　「地域の声と私たちの目的を合わせて提案することで、私たちだけの考えではないことを印象付けることが大事だと思います。それと、大久保の問題点についても、隠さず伝えるべきだと話し合いました。縁台を置くことで、地域によい効果があることを伝えれば、○○さんに協力したいって思ってもらえると考えました。ここまで、本気で伝えて、興味をもってもらえたら、デザインとか今後のスケジュールとか、具体的に説明していけばいいと思います」。

　子どもは、伝える相手を意識し、伝えたい内容の中心に地域の人の思いや願いを据えた。こうした姿をみると、対象に働きかける力は、対象と時間や空間を共有する前から発揮されていることがわかる。こうした**子どもに共通するのは、働きかけなければならない明確な目的意識と相手意識があることだ**。そう考えると、対象へのかかわりの前にこそ、対象にかかわる力の育成を意識した指導の工夫が求められているように思う。

Models for Active Learning

ALモデル4 第29時
『地域の協力者による子どもの活動への価値付け』

■育てたい資質・能力
* 「縁台プロジェクト」の活動を通して成長した自らのよさに気付く力【自己理解・メタ認知】

■概念の形成
* 地域には、よりよくまちづくりを目指す人々が存在し、互いに協力し合ってまちの発展に尽くしており、自分もその一員であるということ【関連・循環】

地域の協力者による活動の価値付け

活動を振り返り、地域参画についてまとめる

　一時は危ぶまれた縁台の設置だったが、卒業を間近に控えた3月、1日限定で予定した公園への縁台設置が許可された。はじめに思い描いていた縁台設置のイメージとは異なる結果であったが、提案の「質」を求め続け、困難に諦めることなく、乗り越えた子どもたちの顔は、すがすがしく晴れ晴れとしていた。子どもは、1日限定の縁台設置を多くの人に知ってもらおうと、チラシをつくり、地域に配布にした。提案の趣旨について何度も話し合ってきたせいか、地域住民への説明は力強く頼もしかった。

　設置当日、公園の開門と同時にクラス全員で、縁台を設置した。そして、撤去の時間まで、住民が利用する様子をそっと観察した。一人二人と縁台を利用する人が増え、会話が生まれた。利用者の笑顔が見えるたびにガッツポーズをする子どもたちの姿が印象的であった。縁台の撤去の直前に、振り返りの時間を設定した。

　この振り返りは、自分の内面と向き合い、変容した自分に気付く特別な時間である。**振り返りの時間をより価値あるものにするために、これまで継続して協力してもらった地域の方や社会福祉協議会の方、縁台制作を支援してもらった地元の企業の人たちを招き、子どもたちのこれまでの活動を価値付けてもらった。**

> 「アンケートや取材をして、どれだけ大変かわかった。もう無理じゃないかと思ったけれど、できたのは、自分たちがあきらめないでしっかりやったからだ。このあきらめないっていうのは、いろいろなところで必要になるから大事にしていきたい」【Mさん】
> 「私たちのプロジェクトは、たくさんの方々の協力でできている。私は、この活動を通して改めて地域の方との交流は大切だと思った。なぜなら、『つながり』ができるからだ。これからも地域の方とのかかわりを大切にしたい」【Hさん】

　本単元では、MさんやHさんのように活動を振り返る子どもがとても多かった。数々の困難を乗り越えてきたからこそ「あきらめない」ことの尊さを学んだ。また、地域の温かさに触れ、友達や様々な立場の人と協力したからこそ、「人と人とのつながり」の大切さを実感することができたのであろう。

STEP 4 子どもの姿から　　[成果と課題]

　大久保は多文化共生のまちであることを冒頭でも述べた。多様な価値を乗り越え、よりよい社会を築こうとする人材の育成は、地域の願いであり、本校に対する大きな期待である。本実践を含む、総合的な学習の時間の学びの成果が、子どもの作文から読み取れる。

> 【Rさんの作文（全文掲載）】
> 　私は、学校の学習の中で総合（＝総合的な学習の時間、以下、「総合」）が一番楽しかった。みんなと話し合って賛成したり反対したり、そこから深い意見が出てきて自分の予想していなかった結論が出てくるから、話し合う時は、いつもどんな結論が出るのだろうとワクワクしている。みんなと話し合うことによって、人の意見とぶつかりあったり、人によって考えていることが自分と違ったりして、「なるほど」と思うことがいっぱいあった。だから私は、一番、「総合」が楽しく感じられたのだ。
> 　話し合うということは、「人の意見をよく聞いて、自分の意見をぶつけ合う」というふうに私はとらえている。でも、最初は、なぜ相手の意見に反論するのか不思議に思っていた。賛成し合うといい意見が出て、反論意見を言うとケンカのようになってしまうのではないかと考えていた。でも、今では、反論することは、とてもいいことだと何回も話し合っているうちに気付いた。反論するからこそ、いい結果が出ることを学んだ。今の時代は、話し合ったり、自分の考えを述べたりすることが少ないのだと思う。だから、いじめが起きたり、ストレスがたまって争いが起きたりするのだと思う。いじめやいつまでたっても解消できないストレスが生まれる事態を防ぐことが必要だ。そして、その解決方法は、賛成も反対もある本気の話合いだと思う。
> 　　　　　　　　　　　　　※下線及び（　）内の付記は、筆者によるもの。

　子どもは、課題を探究する学びの中で、様々な問題状況に遭遇した。そのつど、解決策をめぐって話合いが行われ、困難な局面を乗り越えてきた。こうして鍛えられた子どもの言葉は、論理的で説得力があり、自信に溢れている。

　前掲の作文からもわかるように、子どもは、考え方の異なる他者とのかかわりや、建設的に高めることを肯定的に受けて止めて実践した。それは、「人の意見をよく聞いて、自分の意見をぶつけ合う」という表現や、「反論するからこそいい結果が出る」にも表れているように、決して自分の考えを押し付ける強引なものではなく、相互作用によって、ときに発展的に広がり、ときに深まり、新たなアイディアが生まれるという明るいイメージである。

　また、他者の考えを受け入れるだけでなく、自ら異なる意見が言えるようになったことへの自己肯定も見て取れる。さらに、子どもは、いじめや解消できない様々な事象にも言及している。この学習を通して、実践的に獲得した力の汎用性の高さについて、自ら自覚していることもわかる。

　しかし、こうした子どもの話合いが活発に展開するには、「論点」が瞬時に整理されなければならない。かみ合わない話合いは、子どもの意欲を減退させ、次へとつながる課題や活動は生成されない。つまり、私にとって、アクティブ・ラーニングを成立させるための授業の鍵は、飛び交う子どもの発言から、子ども自ら「論点」を導き出せるように支援することである。

　「…だから私は、一番、『総合』が楽しく感じられたのだ」につながるように…。

【編著者】

田村　学　文部科学省初等中等教育局視学官

　昭和37年新潟県生まれ。新潟大学教育学部卒業後、昭和61年4月より新潟県上越市立大手町小学校教諭、上越教育大学附属小学校教諭、新潟県柏崎市教育委員会指導主事、文部科学省教科調査官を経て、平成27年4月より現職。日本生活科・総合的学習教育学会理事も務める。教員時代より、生活科・総合的な学習の時間の実践、カリキュラム研究に取り組んでいる。

【主な著書】『川のこえをきこう　いのちを育てる総合学習』（童心社）、『考えるってこういうことか！「思考ツール」の授業』『こうすれば考える力がつく！　中学校思考ツール』（小学館）、『今日的学力をつくる新しい生活科授業づくり』（明治図書出版）、『これからの生活・総合―知識基盤社会における能力の育成と求められる教師力』『新教科誕生の軌跡―生活科の形成過程に関する研究』『総合的な学習　授業づくりハンドブック』『授業を磨く』（東洋館出版社）など多数。

【執筆者】（掲載順）

第1章　生活科

畑中　友和	青森県佐井村立佐井小学校教諭
若村　健一	埼玉大学教育学部附属小学校教諭
中村　由伊	愛知県豊川市立御津北部小学校教諭
新原　秀典	埼玉県越谷市立大袋東小学校教諭
齋藤　博伸	埼玉大学教育学部附属小学校主幹教諭
林　　郁	千葉県八千代市立米本小学校教諭

第2章　総合的な学習の時間

鈴木　紀知	横浜市立戸部小学校主幹教諭
鈴木　暁範	横浜市立大岡小学校主幹教諭
畝尾　宏明	東京都千代田区教育委員会指導主事
高橋　裕也	東京都世田谷区立東大原小学校主任教諭
中島　武史	東京都西東京市立碧山小学校主幹教諭
三田　大樹	東京都新宿区立大久保小学校主幹教諭

【みらいの会　研究同人】（50音順）

青木　聡	小松澤昌人	新原　秀典
青柳　裕美	齋藤　等	西岡　雅樹
赤松　理	齋藤　博伸	畑中　友和
安養麻紀子	酒井　隆光	林　　郁
伊倉　剛	酒井　豊子	原田　三朗
池田　正治	佐々木由美子	廣瀬　志保
石井　芳宏	嶋﨑　修	深瀬　里美
石橋　邦隆	清水　一豊	舩田　信昭
井戸　紀子	鈴木　暁範	古川　卓也
今橋　直子	鈴木　紀知	松井　昌美
畝尾　宏明	曽我部和広	三田　大樹
長田眞理子	髙橋　亜衣	諸岡　浩
加藤　直子	高橋　裕也	八木　慎一
兼元由香利	冨井　正嗣	山之内俊亮
神永　典郎	中島　武史	山本　裕也
熊倉　善博	永野理英子	吉岡　幸徳
後藤　正矢	中村　由伊	若村　健一
小林　隆麿	中山　正則	

生活・総合
アクティブ・ラーニング
子どもたちの「能力」の育成と
「知」の創造を実現する授業づくり

2015（平成27）年6月15日　初版第1刷発行
2016（平成28）年2月12日　初版第4刷発行

編著者　田村　学
著　者　みらいの会
発行者　錦織圭之介
発行所　株式会社　東洋館出版社
　　　　〒113-0021　東京都文京区本駒込5-16-7
　　　　営業部　電話 03-3823-9206／FAX 03-3823-9208
　　　　編集部　電話 03-3823-9207／FAX 03-3823-9209
　　　　振替　00180-7-96823
　　　　URL　http://www.toyokan.co.jp
装　幀　中濱健治
印刷・製本　藤原印刷株式会社

ISBN978-4-491-03129-3　Printed in Japan

JCOPY　<（社）出版者著作権管理機構　委託出版物>
本書の無断複写は著作権法上での例外を除き禁じられています。複写される場合は，
そのつど事前に，（社）出版者著作権管理機構（電話 03-3513-6969，
FAX 03-3513-6979，e-mail:info@jcopy.or.jp）の許諾を得てください。